IDW PS visuell

IDW PS visuell

Strukturierte grafische Darstellung
aller IDW Prüfungsstandards für die Abschlussprüfung

2., aktualisierte Auflage

2. Auflage

Das Werk einschließlich aller seiner Teile ist urheberrechtlich geschützt. Jede Verwertung außerhalb der engen Grenzen des Urheberrechtsgesetzes ist ohne vorherige schriftliche Einwilligung des Verlages unzulässig und strafbar. Dies gilt insbesondere für Vervielfältigungen, Übersetzungen, Mikroverfilmungen und die Einspeicherung und Verbreitung in elektronischen Systemen. Es wird darauf hingewiesen, dass im Werk verwendete Markennamen und Produktbezeichnungen dem marken-, kennzeichen oder urheberrechtlichen Schutz unterliegen.

© 2018 IDW Verlag GmbH, Tersteegenstraße 14, 40474 Düsseldorf

Die IDW Verlag GmbH ist ein Unternehmen des Instituts der Wirtschaftsprüfer in Deutschland e. V. (IDW).

Satz: Da-TeX Gerd Blumstein, Leipzig
Druck und Bindung: C.H. Beck, Nördlingen

KN 11847

Die Angaben in diesem Werk wurden sorgfältig erstellt und entsprechen dem Wissensstand bei Redaktionsschluss. Da Hinweise und Fakten jedoch dem Wandel der Rechtsprechung und der Gesetzgebung unterliegen, kann für die Richtigkeit und Vollständigkeit der Angaben in diesem Werk keine Haftung übernommen werden. Gleichfalls werden die in diesem Werk abgedruckten Texte und Abbildungen einer üblichen Kontrolle unterzogen; das Auftreten von Druckfehlern kann jedoch gleichwohl nicht völlig ausgeschlossen werden, so dass für aufgrund von Druckfehlern fehlerhafte Texte und Abbildungen ebenfalls keine Haftung übernommen werden kann.

ISBN 978-3-8021-2429-7

Bibliografische Information der Deutschen Bibliothek
Die Deutsche Bibliothek verzeichnet diese Publikation in der Deutschen Nationalbibliografie; detaillierte bibliografische Daten sind im Internet über http://www.d-nb.de abrufbar.

Coverfoto: © shutterstock.com / agsandrew

www.idw-verlag.de

Vorwort zur zweiten Auflage

Einiges hat sich getan seit Erscheinen der ersten Auflage von „IDW PS visuell" im Oktober 2016. Aufgrund häufiger Nachfragen haben wir uns entschieden, Ihnen noch vor dem Zeitpunkt der ISA-Übernahme und der dann wegweisenden „IDW Grundsätze ordnungsmäßiger Abschlussprüfung (GoA)" eine aktualisierte Sammlung der Visualisierungen an die Hand zu geben. Mit diesem Buch erhalten Sie einen Überblick über die aktuellen IDW Prüfungsstandards für die Abschlussprüfung.

Neu aufgenommen wurden mit Stand 01.09.2018:
- **IDW QS 1:** Anforderungen an die Qualitätssicherung in der Wirtschaftsprüferpraxis
- **IDW PS 270 n. F.:** Die Beurteilung der Fortführung der Unternehmenstätigkeit im Rahmen der Abschlussprüfung
- **IDW PS 350 n. F.:** Prüfung des Lageberichts im Rahmen der Abschlussprüfung
- **IDW PS 400 n. F.:** Bildung eines Prüfungsurteils und Erteilung eines Bestätigungsvermerks
- **IDW PS 401:** Mitteilung besonders wichtiger Prüfungssachverhalte im Bestätigungsvermerk
- **IDW PS 405:** Modifizierungen des Prüfungsurteils im Bestätigungsvermerk
- **IDW PS 406:** Hinweise im Bestätigungsvermerk
- **IDW PS 450 n. F.:** Grundsätze ordnungsmäßiger Erstellung von Prüfungsberichten
- **IDW PS 470 n. F.:** Grundsätze für die Kommunikation mit den für die Überwachung Verantwortlichen

Die bereits in der Vorauflage visualisierten Standards geben den Stand der letzten Drucklegung wieder.

Auch bei den neuen Visualisierungen ermöglichen Referenzen zu den Textziffern des Standards das jederzeitige Nachlesen von Details. Ebenfalls bewährt hat es sich, den visualisierten Standards jeweils Einleitungsseiten voranzustellen, die neben einer kurzen schriftlichen Zusammenfassung des Standards Verweise auf den dazugehörigen internationalen Standard (ISA) sowie die mit diesem Standard inhaltlich verbundenen weiteren *IDW Standards* (Prüfungsstandards und Rechnungslegungsstandards) enthalten.

Verbesserungsvorschläge und Ergänzungswünsche sind jederzeit willkommen und können einfach und schnell an post@idw-verlag.de geschickt werden. Unser besonderer Dank gilt Herrn WP StB Dr. Holger Wirtz.

Düsseldorf, im September 2018

Prof. Dr. Klaus-Peter Naumann
Institut der Wirtschaftsprüfer in
Deutschland e.V.

Vorwort zur ersten Auflage

Zu den grundlegenden Aufgaben eines Wirtschaftsprüfers gehört es, Abschlussprüfungen bei Unternehmen durchzuführen und Bestätigungsvermerke über die Vornahme und das Ergebnis dieser Prüfungen zu erteilen. Die gesetzlichen Vorschriften, insb. §§ 316 ff. HGB, enthalten zwar Vorgaben zum Gegenstand und Umfang einer Abschlussprüfung, jedoch nicht zu deren Durchführung. Die *IDW Prüfungsstandards* enthalten im Wesentlichen die vom IDW festgestellten Grundsätze ordnungsmäßiger Abschlussprüfung (GoA). Sie legen damit in Übereinstimmung mit den International Standards on Auditing (ISA) die Berufsauffassung der Wirtschaftsprüfer zu fachlichen Fragen der Prüfung dar und tragen zu ihrer Entwicklung bei.

Der Umgang mit den zunehmend komplexer werdenden Prüfungsstandards soll durch die Visualisierung erleichtert werden. Dazu werden die für die Abschlussprüfung relevanten *IDW Prüfungsstandards 200* bis *470* übersichtlich und strukturiert dargestellt. Die Leserinnen und Leser können sich so einen schnellen Überblick über die Regelungen des jeweiligen Standards verschaffen und ihren Fokus auf die für die jeweilige Prüfungssituation wesentlichen Inhalte lenken. Referenzen zu den Textziffern des Standards ermöglichen das jederzeitige Nachlesen von Details. Den visualisierten Standards sind Einleitungsseiten vorangestellt. Diese enthalten neben einer kurzen schriftlichen Zusammenfassung des Standards auch einen Verweis auf den dazugehörigen internationalen Standard (ISA) sowie die mit diesem Standard inhaltlich verbundenen weiteren *IDW Standards* (Prüfungsstandards und Rechnungslegungsstandards). Dieses Werk ist aufgrund der Visualisierungen und dem bewussten Fokussieren auf die wesentlichen Inhalte der Standards als Ergänzung zur Fachliteratur und den vom IDW Verlag veröffentlichten *IDW Prüfungsstandards* gedacht.

Das Buch eignet sich sowohl für Einsteiger, Assistenten von Wirtschaftsprüfern und Examenskandidaten für das Wirtschaftsprüferexamen als auch für Prüfungsleiter, Aufsichtsräte, Wirtschaftsjournalisten, Berater und sonstige Interessierte. Auch erfahrene Wirtschaftsprüfer können sich mit Hilfe dieses Werks einen schnellen Überblick über einzelne Standards oder jüngste Änderungen an Standards verschaffen.

Die visualisierten *IDW Prüfungsstandards* geben den Stand zum 01.08.2016 wieder.

Neben diesem Werk wurden vom IDW Verlag zum Thema Abschlussprüfung u.a. auch die „Prüfungspraxis" und das „IDW Praxishandbuch zur Qualitätssicherung" veröffentlicht.

Verbesserungsvorschläge und Ergänzungswünsche sind jederzeit willkommen und können einfach und schnell an post@idw-verlag.de geschickt werden.

Unser besonderer Dank gilt Herrn WP StB Andreas Pöhlmann für die strukturierte und visuelle Aufbereitung der *IDW Prüfungsstandards*.

Darüber hinaus danken wir Alexander Buxmann, Johanna Schruff, Oliver Wätjen und Simon Waldinger für die Unterstützung bei der Erstellung dieses Werks.

Düsseldorf, im August 2016

Prof. Dr. Klaus-Peter Naumann
Institut der Wirtschaftsprüfer in
Deutschland e. V.

Inhaltsübersicht

IDW QS 1	Anforderungen an die Qualitätssicherung in der Wirtschaftsprüferpraxis	11

Prüfungsgegenstand, Prüfungsauftrag, Prüfungsansatz

IDW PS 200	Ziele und allgemeine Grundsätze der Durchführung von Abschlussprüfungen	17
IDW PS 201	Rechnungslegungs- und Prüfungsgrundsätze für die Abschlussprüfung	21
IDW PS 202	Die Beurteilung von zusätzlichen Informationen, die von Unternehmen zusammen mit dem Jahresabschluss veröffentlicht werden	25
IDW PS 203 n. F.	Ereignisse nach dem Abschlussstichtag	29
IDW PS 205	Prüfung von Eröffnungsbilanzwerten im Rahmen von Erstprüfungen	33
IDW PS 208	Zur Durchführung von Gemeinschaftsprüfungen (Joint Audit)	37
IDW PS 210	Zur Aufdeckung von Unregelmäßigkeiten im Rahmen der Abschlussprüfung	41
IDW PS 220	Beauftragung des Abschlussprüfers	51
IDW PS 230	Kenntnisse über die Geschäftstätigkeit sowie das wirtschaftliche und rechtliche Umfeld des zu prüfenden Unternehmens im Rahmen der Abschlussprüfung	55
IDW PS 240	Grundsätze der Planung von Abschlussprüfungen	59
IDW PS 250 n. F.	Wesentlichkeit im Rahmen der Abschlussprüfung	63
IDW PS 255	Beziehungen zu nahestehenden Personen im Rahmen der Abschlussprüfung	69
IDW PS 261 n. F.	Feststellung und Beurteilung von Fehlerrisiken und Reaktionen des Abschlussprüfers auf die beurteilten Fehlerrisiken	75
IDW PS 270 n. F.	Die Beurteilung der Fortführung der Unternehmenstätigkeit im Rahmen der Abschlussprüfung	85

Prüfungsdurchführung

IDW PS 300 n. F.	Prüfungsnachweise im Rahmen der Abschlussprüfung	91
IDW PS 301	Prüfung der Vorratsinventur	97
IDW PS 302 n. F.	Bestätigungen Dritter	101
IDW PS 303 n. F.	Erklärungen der gesetzlichen Vertreter gegenüber dem Abschlussprüfer	105
IDW PS 310	Repräsentative Auswahlverfahren (Stichproben) in der Abschlussprüfung	109
IDW PS 312	Analytische Prüfungshandlungen	113
IDW PS 314 n. F.	Die Prüfung von geschätzten Werten in der Rechnungslegung ausschließlich von Zeitwerten	117
IDW PS 318	Prüfung von Vergleichsangaben über Vorjahre	125
IDW PS 320 n. F.	Besondere Grundsätze für die Durchführung von Konzernabschlussprüfungen (einschließlich der Verwertung der Tätigkeit von Teilbereichsprüfern)	129

© IDW Verlag GmbH

IDW PS 321	Interne Revision und Abschlussprüfung	133
IDW PS 322 n. F.	Verwertung der Arbeit eines für den Abschlussprüfer tätigen Sachverständigen	137
IDW PS 330	Abschlussprüfung bei Einsatz von Informationstechnologie	141
IDW PS 331 n. F.	Abschlussprüfung bei teilweiser Auslagerung der Rechnungslegung auf Dienstleistungsunternehmen	149
IDW PS 340	Die Prüfung des Risikofrüherkennungssystems nach § 317 Abs. 4 HGB	153
IDW PS 345	Auswirkungen des Deutschen Corporate Governance Kodex auf die Abschlussprüfung	159
IDW PS 350 n. F.	Prüfung des Lageberichts im Rahmen der Abschlussprüfung	163

Berichterstattung, Dokumentation, Kommunikation

IDW PS 400	Grundsätze für die ordnungsmäßige Erteilung von Bestätigungsvermerken bei Abschlussprüfungen	171
IDW PS 400 n. F.	Bildung eines Prüfungsurteils und Erteilung eines Bestätigungsvermerks	181
IDW PS 401	Mitteilung besonders wichtiger Prüfungssachverhalte im Bestätigungsvermerk	191
IDW PS 405	Modifizierungen des Prüfungsurteils im Bestätigungsvermerk	197
IDW PS 406	Hinweise im Bestätigungsvermerk	203
IDW PS 450 n. F.	Grundsätze ordnungsmäßiger Erstellung von Prüfungsberichten	207
IDW PS 460 n. F.	Arbeitspapiere des Abschlussprüfers	219
IDW PS 470 n. F.	Grundsätze für die Kommunikation mit den für die Überwachung Verantwortlichen	225

Abkürzungsverzeichnis

AAB		Allgemeine Auftragsbedingungen (für Wirtschaftsprüfer und Wirtschaftsprüfungsgesellschaften)		
APr		Abschlussprüfer		
AR		Aufsichtsrat		
AV		Anlagevermögen		
BestV		Bestätigungsvermerk		
BMJ		Bundesministerium der Justiz		
BS WP/vBP		Berufssatzung für Wirtschaftsprüfer / vereidigte Buchprüfer		
DCGK		Deutscher Corporate Governance Kodex		
DRSC		Deutsches Rechnungslegungs Standards Committee e.V.		
EA		Einzelabschluss		
EB		Eröffnungsbilanz		
Einzel-Kfm.		Einzelkaufmann		
EK		Eigenkapital		
EU-APrVO		EU-Abschlussprüferverordnung		
Ggf.		gegebenenfalls		
Gj		Geschäftsjahr		
GoA		Grundsätze ordnungsmäßiger Abschlussprüfung		
GoB		Grundsätze ordnungsmäßiger Buchführung		
GuV		Gewinn- und Verlustrechnung		
gV		Gesetzliche Vertreter		
HGB		Handelsgesetzbuch		
HR		Handelsregister		
HV		Hauptversammlung		
i.d.R.		in der Regel		
i.R.d.		im Rahmen der/des		
i.S.d.		im Sinne der/des		
IAS		International Accounting Standard		
IDW		Institut der Wirtschaftsprüfer in Deutschland e.V.		
IFRS		International Financial Reporting Standard		
IKS		Internes Kontrollsystem		
insb.		insbesondere		
intern.		international		
IR		Interne Revision		
ISA		International Standard on Auditing		
JA		Jahresabschluss		
JAP		Jahresabschlussprüfung		
KA		Konzernabschluss		
KAP		Konzernabschlussprüfung		
KLB		Konzernlagebericht		
LB		Lagebericht		
MU		Mutterunternehmen		
nsP		nahe stehende Personen		
PA		Prüfungsausschuss		
PH		Prüfungshandlung		
PHG		Personenhandelsgesellschaft		
PIE		Public Interest Entities		
PrB		Prüfungsbericht		
PS		Prüfungsstandard		
QS		Qualitätssicherung *oder* Qualitätssicherungsstandard		
RFS		Risikofrüherkennungssystem		
RL		Rechnungslegung		
RSt		Rückstellung		
SachV		Sachverständiger		
SB		Schlussbilanz		
TB		Teilbereich		
TU		Tochterunternehmen		

Untern.	Unternehmen	Vj	Vorjahr
US-GAAP	United States – Generally Accepted Accounting Principles	VO 1/2006	Anforderungen an die Qualitätssicherung in der Wirtschaftsprüferpraxis (Gemeinsame Stellungnahme der WPK und des IDW)
US-GAAS	United States – Generally Accepted Auditing Standards		
vBP	vereidigter Buchprüfer	WP	Wirtschaftsprüfer
VersV	Versagungsvermerk	WPK	Wirtschaftsprüferkammer
VFE-Lage	Vermögens-, Finanz- und Ertragslage	WPO	Wirtschaftsprüferordnung
VG	Vermögensgegenstand		

IDW QS 1
IDW Qualitätssicherungsstandard: Anforderungen an die Qualitätssicherung in der Wirtschaftsprüferpraxis (Stand: 09.06.2017)

Anwendungsbereich:
Anforderungen an die Gestaltung eines Qualitätssicherungssystems zur Einhaltung der Berufspflichten durch den Wirtschaftsprüfer bzw. die Wirtschaftsprüferpraxis.

Zusammenfassung:
Die Anforderungen an die Ausgestaltung eines Qualitätssicherungssystems ergeben sich aus Gesetzen und satzungsrechtlichen Vorgaben (vor allem aus der Verordnung (EU) Nr. 537/2014, der WPO und der Berufssatzung WP/vBP vom 21.06.2016).
IDW QS 1 enthält eine geschlossene Darstellung der gesetzlichen und satzungsmäßigen Vorschriften und berücksichtigt darüber hinausgehend die Anforderungen der internationalen Standards ISQC 1 und ISA 220. Somit werden hinsichtlich der Regelungen zur Auftragsabwicklung alle betriebswirtschaftlichen Prüfungen und verwandte Leistungen erfasst.
Weiterhin beschreibt *IDW QS 1* einen risikoorientierten Qualitätsmanagement-Prozess zur Einrichtung, Durchsetzung und Überwachung eines Qualitätssicherungssystems. Dieser Prozess ist künftig nach *IDW PS 140 n. F.* auch Gegenstand der Qualitätskontrolle und stärkt die Eigenverantwortlichkeit der Berufsangehörigen und den Skalierungsgedanken. So sind vor allem dort Regelungen zu schaffen bzw. Maßnahmen zu ergreifen, wo qualitätsgefährdende Risiken die Einhaltung der Berufspflichten gefährden. Da Art und Umfang der Regelungen und Maßnahmen folglich mit der Risikobeurteilung der Wirtschaftsprüferpraxis variieren können, kommt der Identifizierung der qualitätsgefährdenden Risiken für die Einrichtung eines nach den Verhältnissen der Praxis angemessenen Qualitätssicherungssystems eine entscheidende Bedeutung zu; sie ist mit der notwendigen Sorgfalt durchzuführen und für Dritte nachvollziehbar zu dokumentieren.

Pflicht zur Anwendung:
Sofort (Datum der Veröffentlichung).

Kreis der Betroffenen:
Alle Wirtschaftsprüferpraxen.

IDW QS 1: Anforderungen an die Qualitätssicherung in der Wirtschaftsprüferpraxis

Anwendungsbereich von IDW QS 1 im Vergleich zum gesetzlichen Regelungsbereich

	IDW QS 1 im Vergleich zu gesetzlichen Regelungen	Alle Tätigkeiten nach § 2 WPO	Abschlussprüfung nach § 316 HGB und nachgebildeter Bestätigungsvermerk	Abschluss-prüfung von PIE nach § 316 HGB	Andere Assurance- und verwandte Leistungen
WPO	Allgemeine Pflicht für internes Qualitätssicherungssystem (QSS)	X	X	X	X
	Mindestanforderungen		X	X	
	Nachschau		X	X	
IDW QS 1	Allgemeine Praxisorganisation	X	X	X	X
	Auftragsabwicklung		X	X	X
	Nachschau	X	X	X	X
EU-VO	Zusätzliche QSS-Anforderungen			X	

Der Qualitätsmanagement-Prozess: Prozess der Einrichtung, Durchsetzung und Überwachung eines QSS (Abschnitt 3)

1 Schaffung eines günstigen Qualitätsumfelds
- » Verhaltensweisen der Praxisleitung und Verantwortungsträgern („tone at the top")
- » Verhaltensregeln werden im Rahmen von Schulungen kommuniziert und in Leistungsbeurteilung und Vergütungsgrundsätzen berücksichtigt

2 Festlegung von Qualitätszielen
- » Festlegung durch die Praxisleitung ausgehend von der Unternehmensstrategie
- » Einhaltung der Berufspflichten: Compliance-Ziele stehen im Fokus der Regelungen des QSS nach IDW QS 1
- » Sonstige Qualitätsziele (finanzielle Ziele, Begrenzung von Haftungsrisiken, Erwartungen bestimmter Stakeholder)

3 Feststellung und Einschätzung qualitätsgefährdender Risiken
- » Systematische Erfassung qualitätsgefährdender Risiken: Risiken ergeben sich aus Umfeld und aus praxisinternen Sachverhalten (z.B. mangelnde Qualifikation der Mitarbeiter, risikoreiche Aufträge, Änderung gesetzlicher Vorschriften und fachlicher Regeln) (vgl. IDW PS 140 n.F., Tz. 46 ff.)
- » Beurteilung von Auswirkungen und Eintrittswahrscheinlichkeit

4 Festlegung von QS-Regelungen, Einführung von Regelungen (vgl. IDW QS 1, Abschnitt 4)
- » zur Praxisorganisation,
- » zur Auftragsabwicklung,
- » zur Nachschau

5 Kommunikation und Dokumentation
- » Information Mitarbeiter und ggf. Dritter über Rollen und Verantwortlichkeiten sowie über Risiken
- » Information der Verantwortlichen über festgestellte Verstöße
- » Dokumentation des QSS und Aufbewahrung der Dokumentation

6 Überwachung und Verbesserung
- » Prozessintegrierte und prozessunabhängige Überwachung (Nachschau)
- » Nachschau in angemessenen Zeitabständen (bei AP jährlich)
- » Systematische Ursachenanalyse
- » Verbesserung des QSS, Abstellung von Mängeln
- » Periodische und ggf. ad-hoc-Berichterstattung an Praxisleitung

		Regelungen zur Steuerung und Überwachung der Qualität in der Wirtschaftsprüferpraxis (Abschnitt 4)
Allgemeine Praxisorganisation	**4.1.** **Beachtung der allgemeinen Berufspflichten**	» Unabhängigkeit, Unparteilichkeit und Vermeidung der Besorgnis der Befangenheit (4.1.1.) 　» Unterrichtung über die Unabhängigkeitsvorschriften 　» Unabhängigkeitserklärungen 　» Erfassung von mandanten- und auftragsbezogenen Informationen 　» Schutzmaßnahmen bei Unabhängigkeitsgefährdungen 　» Dokumentationspflichten 　» Verpflichtung der Mitarbeiter zur Kommunikation von Verstößen » Gewissenhaftigkeit (4.1.2.) » Verschwiegenheit (4.1.3.) 　» Verpflichtung der Mitarbeiter und Gehilfen » Eigenverantwortlichkeit (4.1.4.) » Berufswürdiges Verhalten (4.1.5.) » Grundsätze der Honorarbemessung, Vergütung, Gewinnbeteiligung (4.1.6.)
	4.2. **Annahme, Fortführung und vorzeitige Beendigung von Aufträgen**	» Auftragsannahme und -fortführung 　» Regelung der Zuständigkeiten 　» Beurteilung möglicher Unabhängigkeits- oder Interessenkonflikte 　» Beurteilung der Auftragsrisiken 　» Pflichten nach dem GwG 　» Verfügbarkeit von ausreichenden Kenntnissen und Ressourcen 　» Auftragserteilung » Vorzeitige Beendigung von Aufträgen 　» Vorgehen bei Niederlegung des Mandats 　» Vorgehen bei Übernahme eines Auftrags, der von einem anderen Wirtschaftsprüfer niedergelegt wurde 　» Kommunikationspflichten mit Mandant, Aufsichtsorgan und Vorprüfer 　» Übergabeakte
	4.3. **Mitarbeiterentwicklung**	» Einstellung von Fachmitarbeitern (4.3.1.) » fachliche Fortbildung der Wirtschaftsprüfer (4.3.2.) » Aus- und Fortbildung von Fachmitarbeitern (4.3.2.) » Mitarbeiterbeurteilungen (4.3.3.) 　» Systematisches Beurteilungsverfahren 　» Hervorhebung der Einhaltung von Qualitätszielen als Voraussetzung für persönliche Karriere » Bereitstellung von Fachinformationen (4.3.4.)

Allgemeine Praxisorganisation	**4.4. Gesamtplanung aller Aufträge**	» Planungszuständigkeit » Einzelplanung der Aufträge als Ausgangsgrundlage » Zusammenfassung der Einzelplanungen zu einem Gesamtplan » Vorgehen bei Änderungen der Einzelplanungen bzw. der Annahme neuer Aufträge » Planungsauswertungen
	4.5. Umgang mit Beschwerden und Vorwürfen	» Informationen über Beschwerden/Vorwürfe » Untersuchung der Fälle durch Praxisleitung oder zuständige Person » Maßnahmen bei begründeten Beschwerden und Vorwürfen » Einrichtung eines Hinweisgebersystems » Aufnahme nicht geringfügiger Verstöße in den Nachschaubericht

Auftragsorganisation	**4.6. Auftragsabwicklung**	» Organisation der Auftragsabwicklung (4.6.1.)
		» Einhaltung der gesetzlichen Vorschriften und der fachlichen Regeln für die Auftragsabwicklung (4.6.2.)
		» Anleitung des Auftragsteams (4.6.3.)
		» Laufende Überwachung der Auftragsabwicklung (4.6.4) und abschließende Durchsicht der Auftragsergebnisse (4.6.5.)
		» Auftragsbezogene Qualitätssicherung (4.6.6.)
		  » Einholung fachlichen Rats (4.6.6.1.)
		  » Berichtskritik (4.6.6.2.)
		  » Auftragsbegleitende Qualitätssicherung (4.6.6.3.)
		    » Durchführung der auftragsbegleitenden Qualitätssicherung
		    » Auswahl des Qualitätssicherers
		    » Dokumentation der auftragsbegleitenden Qualitätssicherung
		» Lösung von Meinungsverschiedenheiten (4.6.7.)
		» Auftragsdokumentation (4.6.8.)
		  » Führung der Prüfungsakte (4.6.8.1.)
		  » Abschluss der Auftragsdokumentation (4.6.8.2.)
		  » Integrität und Vertraulichkeit der Datenverarbeitungssysteme und Arbeitspapiere (4.6.8.3.)
		  » Verfügbarkeit und Archivierung der Arbeitspapiere (4.6.8.4.)
		  » Eigentum an den Arbeitspapieren (4.6.8.5.)
		» Auslagerung wichtiger Prüfungstätigkeiten (4.6.9.)

Überwachung	**4.7. Nachschau**	» Ziel der Nachschau (4.7.1.) » Anforderungen an die mit der Nachschau betrauten Personen (4.7.1.) » Planung der Nachschau (4.7.2.) » Durchführung der Nachschau (4.7.2.) » Würdigung der Nachschauergebnisse (Ursachenanalyse) (4.7.2.) » Maßnahmen zur Beseitigung von Mängeln im Qualitätssicherungssystem (kontinuierliche Verbesserung) (4.7.2.) » Nachschau-Berichterstattung und Dokumentation (4.7.3.)

IDW PS 200
IDW Prüfungsstandard: Ziele und allgemeine Grundsätze der Durchführung von Abschlussprüfungen

Zusammenfassung:

Zu den beruflichen Aufgaben der Wirtschaftsprüfer gehört es, betriebswirtschaftliche Prüfungen – insbesondere solche von Jahresabschlüssen wirtschaftlicher Unternehmen – durchzuführen und Bestätigungsvermerke über die Vornahme und das Ergebnis solcher Prüfungen zu erteilen (§ 2 WPO).

Durch die Abschlussprüfung soll die Verlässlichkeit der in Jahresabschluss und Lagebericht enthaltenen Informationen bestätigt und insoweit deren Glaubhaftigkeit erhöht werden. Die Verlässlichkeit dieser Informationen schließt auch deren Ordnungsmäßigkeit ein, da diese von den Adressaten bei ihrer Interpretation mit herangezogen wird. Die Adressaten des Bestätigungsvermerks sowie die Adressaten des Prüfungsberichts, insbesondere die Aufsichtsorgane, können die Ergebnisse der Abschlussprüfung bei ihren Entscheidungen berücksichtigen, wobei sie sich der Grenzen der Aussagefähigkeit eines Jahresabschlusses und Lageberichts sowie der Erkenntnismöglichkeiten einer Abschlussprüfung bewusst sein müssen.

Der Wirtschaftsprüfer führt die Abschlussprüfung mit dem Ziel durch, die Aussagen über das Prüfungsergebnis (Prüfungsaussagen) unter Beachtung des Grundsatzes der Wirtschaftlichkeit mit hinreichender Sicherheit treffen zu können. Die Prüfungsaussagen des Abschlussprüfers werden im Prüfungsbericht und im Bestätigungsvermerk getroffen und – sofern ein Aufsichtsrat besteht – in der Bilanzsitzung des Aufsichtsrats erläutert.

ISA:
ISA 200 „Overall Objectives of the Independent Auditor and the Conduct of an Audit in Accordance with International Standards on Auditing"

Verweise:
- *IDW PS 400:* Grundsätze für die ordnungsmäßige Erteilung von Bestätigungsvermerken bei Abschlussprüfungen
- *IDW PS 450:* Grundsätze ordnungsmäßiger Berichterstattung bei Abschlussprüfungen
- *IDW PS 201:* Die Prüfung der Einhaltung der Rechnungslegungsgrundsätze kann sich auf deutsche Rechnungslegungsgrundsätze oder auf international anerkannte oder andere nationale Rechnungslegungsgrundsätze beziehen.
- *IDW PS 210:* Bei Anhaltspunkten für Verstöße durch die gesetzlichen Vertreter oder die Mitarbeiter des geprüften Unternehmens hat der Abschlussprüfer ergänzende Prüfungshandlungen vorzunehmen und die Prüfungsnachweise im Hinblick auf den Verdacht gezielt zu würdigen.
- *IDW PS 310:* Die Nachweise für die Angaben in Buchführung, Jahresabschluss und Lagebericht bestimmen Art und Umfang der Prüfungshandlungen.
- *IDW PS 300 n. F.:* In den meisten Fällen sind die Prüfungsnachweise eher überzeugend als zwingend. Sie legen Schlussfolgerungen nahe, ohne aber einen endgültigen Beweis zu liefern.

IDW PS 200: Ziele und allgemeine Grundsätze der Durchführung von Abschlussprüfungen

Ziele der Abschlussprüfung (8)

Allgemein	Bestätigung der Verlässlichkeit der Informationen (inkl. ihrer Ordnungsmäßigkeit) im JA und LB und Erhöhung ihrer Glaubhaftigkeit
Adressaten von Prüfungsbericht und Bestätigungsvermerk	» Können die Ergebnisse der Abschlussprüfung bei ihren Entscheidungen berücksichtigen » Müssen sich der Grenzen der Aussagefähigkeit von JA/LB und den Erkenntnismöglichkeiten der Abschlussprüfung bewusst sein
Abschlussprüfer	Trifft Aussagen über das Prüfungsergebnis (Prüfungsaussagen) im Prüfungsbericht und Bestätigungsvermerk mit hinreichender Sicherheit unter Beachtung des Grundsatzes der Wirtschaftlichkeit

Gegenstand der Abschlussprüfung (12)

Bestandteile	Jahresabschluss			Buchführung	ggf. Lagebericht
	Bilanz	Gewinn- und Verlustrechnung	ggf. Anhang		
Normen	Gesetzliche Vorschriften zur Rechnungslegung inkl. GoB			Ergänzende Bestimmungen des Gesellschaftsvertrags oder der Satzung	

Jahresabschluss
Klar, übersichtlich und vollständig in vorgeschriebener Form mit vorgeschriebenen Angaben aufgestellt, zutreffender Ausweis aller Posten, richtige Bewertung aller Vermögensgegenstände und Schulden

Buchführung
Nachvollziehbar, unveränderlich, vollständig, richtig, zeitgerecht und geordnet

Lagebericht
Steht mit dem JA und den bei der Prüfung gewonnenen Erkenntnissen im Einklang, vermittelt insgesamt eine zutreffende Vorstellung von der Lage des Unternehmens, Risiken der künftigen Entwicklung sind zutreffend dargestellt, ggf. gesetzlich geforderte weitere Angaben sind enthalten

Kapitalgesellschaften und diesen gleichgestellte Gesellschaften
JA vermittelt unter Beachtung der GoB ein den tatsächlichen Verhältnissen entsprechendes Bild der Vermögens-, Finanz- und Ertragslage

IDW PS 200

Grundsätze für die Durchführung von Abschlussprüfungen (17)

» Durchführung der Abschlussprüfung unter Beachtung der beruflichen und fachlichen Grundsätze (IDW PS 201)
» Kritische Grundhaltung bei Planung und Durchführung der Abschlussprüfung
  » APr muss sich bewusst sein, dass JA und LB wesentliche falsche Aussagen enthalten können
  » APr kann nicht ohne weiteres auf die Glaubwürdigkeit von Auskünften und Nachweisen vertrauen → muss sich diese belegen lassen

Art und Umfang der Prüfungshandlungen (18 ff.)

Allgemein	Grundlagen zur Bestimmung von Art & Umfang	Weitere Pflichten
Bestimmung von Art und Umfang der erforderlichen Prüfungshandlung liegt im prüferischen Ermessen des APr, welches begrenzt wird durch » gesetzliche Regelungen und Verordnungen, » IDW Prüfungsstandards, » ggf. erweiternde Bedingungen für den Auftrag, » jeweilige Berichtspflichten	» Kenntnisse über Geschäftstätigkeit sowie das wirtschaftliche und rechtliche Umfeld » Erwartungen über mögliche Fehler » Beurteilung der Wirksamkeit des IKS » Nachweise für die Angaben in Buchführung, JA und LB	» Keine lückenlose Prüfung → Stichproben » Grundsatz der Wirtschaftlichkeit: Prüfungsaussagen unter Beachtung der Wesentlichkeit treffen » Aufdeckung von Verstößen und Fehlern: ggf. Prüfungshandlungen ausdehnen » Zusätzliche Prüfungsaufgaben: Art und Umfang der Prüfungshandlungen ergeben sich aus dem Auftrag und den jeweiligen gesetzlichen Vorschriften

© IDW Verlag GmbH

IDW PS 200

Sicherheit der Prüfungsaussagen (24 ff.)	
Grundsatz	APr trifft Prüfungsaussagen mit hinreichender Sicherheit → gilt für die gesamte Prüfung
Einschränkungen	Unvermeidbares Risiko, dass der APr wesentliche falsche Aussagen nicht erkennt
	Grenzen der Erkenntnismöglichkeiten werden u.a. bestimmt durch die Prüfung in Stichproben, die immanenten Grenzen eines IKS, den Umstand, dass Prüfungsnachweise ggf. nicht den Tatsachen entsprechen, Prüfungsnachweise häufig eher überzeugend als zwingend sind
	Entscheidungen und Beurteilungen im Rahmen des pflichtgemäßen Ermessens bei der Erlangung von Prüfungsnachweisen und Schlussfolgerungen
	Weitere Umstände, z.B. Geschäfte mit nahestehenden Personen
Verantwortlichkeit von Abschlussprüfer, Aufsichtsrat und gesetzlichen Vertretern (29 ff.)	
Abschlussprüfer	Verantwortlich für Prüfungsaussagen im PrB und BestV sowie für alle Aussagen in der Bilanzsitzung des Aufsichtsrats
Aufsichtsrat	Verantwortlich für die Überwachung der Geschäftsführung, welche u. a. durch den PrB unterstützt wird
Gesetzlicher Vertreter	Verantwortlich für eine ordnungsmäßige Buchführung, Aufstellung von JA und LB sowie Einrichtung eines rechnungslegungsbezogenen IKS

IDW PS 201
IDW Prüfungsstandard: Rechnungslegungs- und Prüfungsgrundsätze für die Abschlussprüfung

Zusammenfassung:
In diesem *IDW Prüfungsstandard* wird beschrieben, welche Rechnungslegungs- und Prüfungsgrundsätze bei einer der Berufsauffassung entsprechenden Abschlussprüfung von Wirtschaftsprüfern unbeschadet ihrer Eigenverantwortlichkeit zu beachten sind.

Die bei der Abschlussprüfung zu berücksichtigenden Rechnungslegungsgrundsätze können sich auf deutsche Grundsätze, die vom International Accounting Standards Board (IASB) verabschiedeten International Financial Reporting Standards (IFRS) oder auf nationale Grundsätze anderer Staaten beziehen. Die Durchführung von Abschlussprüfungen hat nach den deutschen Prüfungsgrundsätzen zu erfolgen. Dies gilt auch, wenn ein der Prüfung zugrunde liegender Abschluss nicht nach deutschen Rechnungslegungsgrundsätzen erstellt wurde.

Die von den Fachausschüssen des Instituts der Wirtschaftsprüfer abgegebenen *IDW Stellungnahmen zur Rechnungslegung* und *IDW Prüfungsstandards* legen die Berufsauffassung zu Rechnungslegungsfragen bzw. fachlichen Fragen der Prüfung dar. Der Abschlussprüfer hat sorgfältig zu prüfen, ob die *IDW Stellungnahmen zur Rechnungslegung* und *IDW Prüfungsstandards* in der von ihm durchzuführenden Prüfung zu beachten sind. Eine vertretbare Abweichung von den *IDW Stellungnahmen zur Rechnungslegung* und *IDW Prüfungsstandards* im Einzelfall ist schriftlich und an geeigneter Stelle (z.B. im Prüfungsbericht) darzustellen und ausführlich zu begründen.

ISA:
ISA 200 „Overall Objectives of the Independent Auditor and the Conduct of an Audit in Accordance with International Standards on Auditing"

Verweise:
- *IDW PS 400:* Grundsätze für die ordnungsmäßige Erteilung von Bestätigungsvermerken bei Abschlussprüfungen
- *IDW PS 450:* Grundsätze ordnungsmäßiger Berichterstattung bei Abschlussprüfungen
- *IDW PS 200:* Ziele und allgemeine Grundsätze der Durchführung von Abschlussprüfungen
- *VO 1/2006:* Anforderungen an die Qualitätssicherung in der Wirtschaftsprüferpraxis

IDW PS 201: Rechnungslegungs- und Prüfungsgrundsätze für die Abschlussprüfung

Rechnungslegungsgrundsätze

National (5 ff.)		International (16b ff.)	
HGB		**In EU-Recht übernommene IFRS**	
» Buchführung und Inventar (§§ 238–241a HGB) » Ansatz, Bewertung und Gliederung der JA-Posten (§§ 242–278 HGB) » Anhang und Lagebericht (§§ 284–289 HGB) » Konzernabschluss und Konzernlagebericht (§§ 290–315 HGB) » Kreditinstitute und Finanzdienstleistungsinstitute (§§ 340–340o HGB) » Versicherungsunternehmen und Pensionsfonds (§§ 341–341p HGB) » Empfehlungen des DRSC (§ 342 HGB)		§ 315a Abs. 1 HGB	Mutterunternehmen mit » Pflicht zur Aufstellung eines KA und KLB (§§ 290–293 HGB) und » Wertpapieren an einem geregelten Markt in der EU zugelassen
Grundsätze ordnungsmäßiger Buchführung		§ 315a Abs. 2 HGB	Mutterunternehmen mit » Pflicht zur Aufstellung eines KA und KLB (§§ 290–293 HGB) und » Wertpapieren an einem geregelten Markt in der EU bis zum Abschlussstichtag beantragt
» Gesetzlich normierte GoB » Nicht gesetzlich festgeschriebene GoB → haben durch Verweise in § 238 HGB (Buchführung), §§ 243 Abs. 1, 264 Abs. 2 (JA) und § 297 Abs. 2 HGB (KA) den Rang gesetzlicher Vorschriften			
Höchstrichterliche handelsrechtliche Rechtsprechung in Deutschland (inkl. Finanzgerichte) und der EU		§ 315a Abs. 3 HGB	Freiwillige Anwendung für Mutterunternehmen, die nicht unter § 315a Abs. 1 und 2 HGB fallen
IDW Stellungnahmen zur Rechnungslegung		**Sonstige (z.B. US-GAAP)**	
IDW Rechnungslegungshinweise		Keine Bedeutung für einen nach deutschen Rechnungslegungsgrundsätzen zu beurteilenden Jahresabschluss und dessen Prüfung	
Anwendung wird empfohlen			
Entwürfe von IDW Stellungnahmen zur Rechnungslegung			
Können berücksichtigt werden, soweit sie geltenden IDW Stellungnahmen zur Rechnungslegung nicht entgegenstehen			

IDW PS 201   1/2

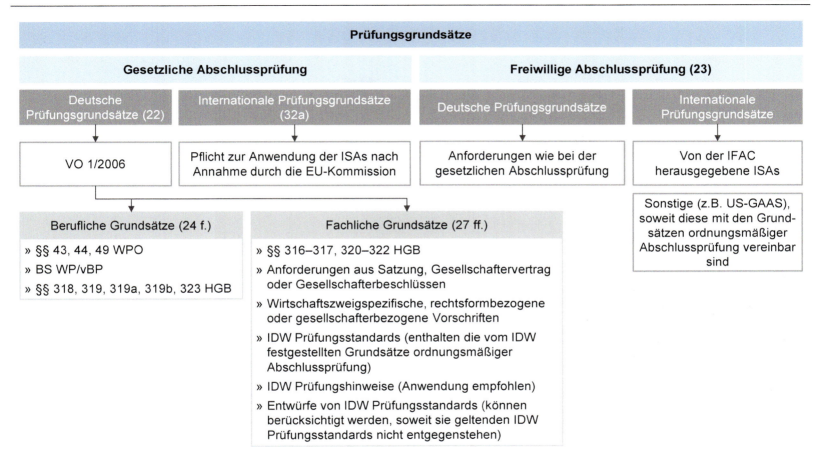

IDW PS 202
IDW Prüfungsstandard: Die Beurteilung von zusätzlichen Informationen, die von Unternehmen zusammen mit dem Jahresabschluss veröffentlicht werden

Zusammenfassung:

Jahresabschlüsse und Lageberichte, zu denen der Abschlussprüfer einen Bestätigungsvermerk erteilt hat, werden vielfach in Berichte der gesetzlichen Vertreter eingebunden und zusammen mit den in diesen Berichten enthaltenen zusätzlichen Informationen veröffentlicht (z.B. im Geschäftsbericht). Diese zusätzlichen Informationen, die nicht Bestandteil des Jahresabschlusses und des Lageberichts sind, unterliegen selbst nicht der Abschlussprüfung. Gleichwohl hat der Abschlussprüfer die zusätzlichen Informationen kritisch zu lesen, denn Unstimmigkeiten zwischen diesen Informationen und dem geprüften Jahresabschluss oder Lagebericht können die Glaubhaftigkeit von Jahresabschluss und Lagebericht in Frage stellen.

Bei der nach § 289a HGB von börsennotierten und bestimmten anderen Aktiengesellschaften in einem gesonderten Abschnitt im Lagebericht oder auf der Internetseite öffentlich zugänglich zu machenden Erklärung zur Unternehmensführung handelt es sich um zusätzliche Informationen, die der Abschlussprüfer kritisch zu lesen hat.

ISA:

ISA 720 „The Auditor's Responsibilities Relating to Other Information in Documents Containing Audited Financial Statements"

Verweise:
– *IDW PS 400:* Grundsätze für die ordnungsmäßige Erteilung von Bestätigungsvermerken bei Abschlussprüfungen
– *IDW PS 450:* Grundsätze ordnungsmäßiger Berichterstattung bei Abschlussprüfungen
– *IDW PS 350:* Prüfung des Lageberichts
– *IDW PS 345:* Auswirkungen des Deutschen Corporate Governance Kodex auf die Abschlussprüfung

IDW PS 202: Die Beurteilung von zusätzlichen Informationen, die von Unternehmen zusammen mit dem Jahresabschluss veröffentlicht werden

Kritisches Lesen (6 ff.)

Grundsatz	Keine Verpflichtung zur Prüfung der zusätzlichen Informationen, aber zum **kritischen Lesen**
Ziel	Wesentliche Unstimmigkeiten bzw. Widersprüche zwischen JA/LB und zusätzlichen Informationen aufdecken

Zusätzliche Informationen

Informationen, die zusammen mit dem Jahresabschluss/ Lagebericht veröffentlicht werden, insbesondere
» Geschäftsberichte
» Erklärung zur Unternehmensführung (§ 289a HGB)

Zugang zu den zusätzlichen Informationen (11f.)

Bei Auftragsannahme rechtzeitigen Zugang zu zusätzlichen Informationen vereinbaren (vor Datum des Bestätigungsvermerks)

Maßnahmen bei wesentlichen Unstimmigkeiten (13 ff.)

Vor Datum des Bestätigungsvermerks (13 ff.)

Unternehmen behebt wesentliche Unstimmigkeit bis zum Datum des BestV

Unternehmen **verweigert** Änderung an ...

Jahresabschluss oder Lagebericht:	zusätzlichen Informationen:
» Bestätigungsvermerk einschränken/versagen » Erläuterung im Prüfungsbericht	» Aufsichtsorgan informieren » Bei schwerwiegendem Verstoß Berichterstattung im Prüfungsbericht » Ggf. Bestätigungsvermerk zurückhalten » Ggf. Kündigung des Prüfungsauftrages bei freiwilliger Abschlussprüfung

Abschlussprüfer kann nicht mit hinreichender Sicherheit beurteilen, ob Jahresabschluss/Lagebericht oder zusätzliche Informationen zutreffend sind → Prüfungshemmnis, daher Einschränkung des Bestätigungsvermerks

Nach Datum des Bestätigungsvermerks (17 f.)	
Unternehmen behebt wesentliche Unstimmigkeit → Nachtragsprüfung (IDW PS 203, Tz. 22 ff.)	
Unternehmen **verweigert** Änderung an …	
Jahresabschluss oder Lagebericht: » Bestätigungsvermerk widerrufen	zusätzlichen Informationen: » Aufsichtsorgan informieren
Abschlussprüfer kann nicht mit hinreichender Sicherheit beurteilen, ob Jahresabschluss/Lagebericht oder zusätzliche Informationen zutreffend sind → Prüfungshemmnis, daher Einschränkung des Bestätigungsvermerks	

Aufdeckung sonstiger falscher Angaben (19 f.) = zusätzliche Informationen ohne direkten Bezug zu Jahresabschluss/Lagebericht
Durch geeignete Maßnahmen auf Korrektur hinwirken

IDW PS 203 n. F.
IDW Prüfungsstandard: Ereignisse nach dem Abschlussstichtag

Zusammenfassung:

Der Abschlussprüfer muss die Auswirkungen von Ereignissen nach dem Abschlussstichtag auf die Buchführung, den zu prüfenden Jahresabschluss und/oder Lagebericht (Rechnungslegung) sowie auf die Berichterstattung im Prüfungsbericht und Bestätigungsvermerk würdigen. Dabei erfolgt eine Unterscheidung zwischen Ereignissen nach dem Abschlussstichtag, die (1) bis zum Datum des Bestätigungsvermerks eintreten, das den Abschluss der Aufstellung des Jahresabschlusses und des Lageberichts und den für den Abschlussprüfer maßgeblichen Beurteilungszeitpunkt kennzeichnet, und solchen Ereignissen, die (2) nach dem Datum des Bestätigungsvermerks eintreten.

Bei der Beurteilung nach (1) ist zu unterscheiden:
- Ob die Ereignisse nachträglich bessere Erkenntnisse über die Verhältnisse zum Abschlussstichtag liefern: Hierzu gehören auch spätere Erkenntnisse über die Zulässigkeit der Annahme der Unternehmensfortführung. Diese Ereignisse sind ebenso wie Ereignisse, die bis zum Abschlussstichtag eingetreten sind, dem bilanzierenden Unternehmen und dem Abschlussprüfer aber erst nach dem Abschlussstichtag bekannt werden, bei der Aufstellung und Prüfung des Jahresabschlusses zu berücksichtigen (sog. werterhellende Ereignisse) – unbeschadet dessen, ob sie sich positiv oder negativ auswirken.
- Ob sie neue, wertverändernde Verhältnisse nach dem Abschlussstichtag begründen (sog. wertbegründende Ereignisse): Unbeschadet möglicher Berichterstattungspflichten im Lagebericht ist eine Berücksichtigung solcher Ereignisse im Jahresabschluss nicht zulässig.

Nach dem Datum des Bestätigungsvermerks (2) ist der Abschlussprüfer grundsätzlich nicht verpflichtet, zu dem geprüften Jahresabschluss und Lagebericht weitere Prüfungshandlungen vorzunehmen bzw. weitere Nachforschungen anzustellen. Liegt zwischen dem Datum des Bestätigungsvermerks und seiner Auslieferung jedoch ein nicht unbeachtlicher Zeitraum oder ist auch bei einem kürzeren Zeitraum das Eintreten wesentlicher Ereignisse zu erwarten, hat der Abschlussprüfer vor der Auslieferung des Bestätigungsvermerks mit der Unternehmensleitung zu klären, ob zwischenzeitliche Ereignisse und Entwicklungen die Aussage des Bestätigungsvermerks berühren.

ISA:

ISA 560 „Subsequent Events"

Verweise:
- *IDW PS 400:* Grundsätze für die ordnungsmäßige Erteilung von Bestätigungsvermerken bei Abschlussprüfungen
- *IDW PS 450:* Grundsätze ordnungsmäßiger Berichterstattung bei Abschlussprüfungen
- *IDW RS HFA 6:* Änderung von Jahres- und Konzernabschlüssen

IDW PS 203 n. F.

IDW PS 203 n.F.: Ereignisse nach dem Abschlussstichtag

Ereignisse zwischen Abschlussstichtag und Datum des Bestätigungsvermerks (8 ff.)

Wertaufhellende Ereignisse

Liefern nachträglich bessere Erkenntnisse über die Verhältnisse am Abschlussstichtag

↓

Berücksichtigung im JA/LB

Wertbegründende Ereignisse

Begründen neue, wertverändernde Verhältnisse nach dem Abschlussstichtag

↓

Grundsätzlich keine Berücksichtigung im JA, evtl. aber im Lagebericht

Art und Umfang der Prüfungshandlungen abhängig von der Beurteilung des Risikos wesentlicher falscher Angaben

Prüfungshandlungen zur Feststellung von Ereignissen (11 ff.)

→ Verständnis über die Maßnahmen der Unternehmensleitung zur vollständigen Erfassung von Ereignissen nach dem Abschlussstichtag verschaffen

→ Kritisches Lesen von Protokollen und aktuellen Zwischenabschlüssen / unternehmensinternen Berichten

→ Ggf. Aktualisierung der Rechtsanwaltsbefragung

→ » Befragungen von Unternehmensleitung/ Aufsichtsorgan. Themen z.B.:
  » Aktueller Stand von vorläufigen geschätzten Daten und schwebenden Geschäften
  » Eingegangene Verpflichtungen
  » Verkäufe wesentlicher Vermögensgegenstände
  » Kapitalzuführungen, Umstrukturierungen, Liquidationen
  » Enteignung/Untergang wesentlicher Vermögensgegenstände
  » Entwicklungen in Risikobereichen
  » Ereignisse, die Bilanzierungs- bzw. Bewertungsmethoden in Frage stellen könnten

Prüfungshandlungen zeitnah zum Datum des BestV durchführen

Besonderheit: Konzern (16 ff.)

» Voraussichtliches Datum des BestV dem Abschlussprüfer des Tochterunternehmens mitteilen
» Prüfungshandlungen aus Tz. 11 ff. beim Abschlussprüfer des Tochterunternehmens veranlassen oder selbst durchführen

IDW PS 203 n.F. 1/2

IDW PS 203 n.F.

Ereignisse nach Datum des Bestätigungsvermerks (18 ff.)

Grundsätzlich keine Verpflichtung zu weiteren Prüfungshandlungen nach dem Datum des BestV. Ausnahmen:

- **Nicht unbeachtlicher Zeitraum zwischen Datum des BestV und seiner Auslieferung**
  ↓
  Klärung mit Unternehmensleitung, ob zwischenzeitliche Ereignisse und Entwicklungen die Aussage des BestV berühren

- **Eintreten von wesentlichen Ereignissen wird vor Auslieferung erwartet**
  ↓
  (wie oben)

- **Nach Auslieferung des BestV werden Tatsachen bekannt, die zu einer wesentlichen Änderung von JA/LB führen können**
  ↓
  » Sachverhalt mit der Unternehmensleitung und ggf. dem Aufsichtsorgan erörtern
  » Beurteilung, ob bereits geprüfter JA/LB geändert werden muss
  » Erfragen, wie Unternehmensleitung mit Sachverhalt im JA/LB umzugehen beabsichtigt

Unternehmensleitung ändert JA/LB

» Nachtragsprüfung § 316 (3) HGB
  » Gesonderter Prüfungsbericht
  » BestV ergänzen und mit Doppeldatum unterzeichnen
  » Kennzeichnen, auf welche Änderung sich das zweite Datum bezieht
  » Ggf. Grund für Änderung angeben

↓

Ursprünglicher JA/LB und BestV darf nicht an Dritte weitergegeben werden

Unternehmensleitung muss Empfänger über Änderung informieren

Ggf. Widerruf des ursprünglichen BestV, wenn Unternehmensleitung die Empfänger nicht informiert

Unternehmensleitung ändert JA/LB nicht

Änderung in laufender Rechnung möglich?
IDW RS HFA 6, Tz. 15 ff.

- **Nein** → Evtl. Widerruf des BestV
- **Ja:** Änderung erfolgt im letzten offenen noch nicht festgestellten JA

Nachtragsprüfung

Unternehmensleitung ändert nach Widerruf
» Nachtragsprüfung
» Gesonderter Prüfungsbericht mit Hinweis auf Widerruf

Unternehmensleitung ändert auch nicht nach Widerruf
» Keine Nachtragsprüfung
» Neuer BestV unter Berücksichtigung der Auswirkungen der nicht durchgeführten Änderung (oft eingeschränkt/versagt) mit ursprünglichem Datum
» Erläuterung im Prüfungsbericht

IDW PS 205
IDW Prüfungsstandard: Prüfung von Eröffnungsbilanzwerten im Rahmen von Erstprüfungen

Zusammenfassung:
Eröffnungsbilanzwerte sind die Beträge, die sich aus den Posten der Schlussbilanz des vorhergehenden Geschäftsjahres ergeben (§ 252 Abs. 1 Nr. 1 HGB). Eröffnungsbilanzwerte in diesem Sinne umfassen auch andere nach den Rechnungslegungsgrundsätzen erforderliche Angaben zu Sachverhalten, die zu Beginn des Geschäftsjahres vorlagen (z.B. Eventualverbindlichkeiten). Im Fall von Unternehmensgründungen ergeben sich die Eröffnungsbilanzwerte aus dem Gründungs- bzw. Umwandlungsvorgang.
Erstprüfungen sind Abschlussprüfungen, bei denen der Jahres- oder Konzernabschluss des Vorjahres ungeprüft oder durch einen anderen Abschlussprüfer geprüft worden ist. Erstprüfungen umfassen auch Prüfungen bei Unternehmen, die erstmals einen Jahres- oder Konzernabschluss aufstellen. Bei einer Erstprüfung besteht ein unvermeidbar höheres Risiko, falsche Angaben im Abschluss nicht zu entdecken. Denn in diesem Fall verfügt der Abschlussprüfer über keine eigenen Prüfungsnachweise aus einer Vorjahresprüfung, die Aussagen über die Ordnungsmäßigkeit der Eröffnungsbilanzwerte erlauben. Daher muss in Fällen, in denen der Eröffnungsbilanzwert seine Wurzeln in früheren Jahren hat, durch eine Ausdehnung der Prüfungshandlungen auf vorhergehende Geschäftsjahre gewährleistet sein, dass Prüfungsaussagen mit hinreichender Sicherheit getroffen werden können.
Besonderheiten ergeben sich, wenn der Vorjahresabschluss trotz Prüfungspflicht nicht geprüft wurde und dieser dann nichtige Vorjahresabschluss (unwirksam) festgestellt und ein (ebenfalls unwirksamer) Ergebnisverwendungsbeschluss gefasst wurde. Die Rechtsfolgen aus der Nichtigkeit des Vorjahresabschlusses sind dann im Folgeabschluss zutreffend zu berücksichtigen.

ISA:
ISA 510 „Initial Audit Engagements – Opening Balances"

Verweise:
– *IDW PS 400:* Grundsätze für die ordnungsmäßige Erteilung von Bestätigungsvermerken bei Abschlussprüfungen
– *IDW PS 450:* Grundsätze ordnungsmäßiger Berichterstattung bei Abschlussprüfungen
– *IDW RS HFA 38:* Ausreichende Erläuterungen zu zulässigen Durchbrechungen der Stetigkeit bei den Ansatz-, Ausweis-, Bewertungs- und Konsolidierungsmethoden
– *IDW RS HFA 6:* Grundsätze zur Änderung von Jahres- und Konzernabschlüssen bei der Korrektur von falschen Eröffnungsbilanzwerten in laufender Rechnung
– *IDW PS 230:* Gewinnung eines Verständnisses über das Unternehmen, dessen Geschäftstätigkeit und Organisation sowie der Ausgestaltung der Rechnungslegung in Bezug auf das Vorjahr, wenn der Vorjahresabschluss ungeprüft ist oder die Verwertung von Prüfungsergebnissen des Vorjahresprüfers nicht zu ausreichenden Prüfungsnachweisen führt

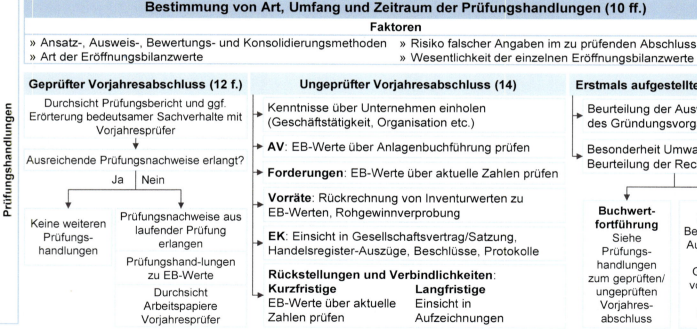

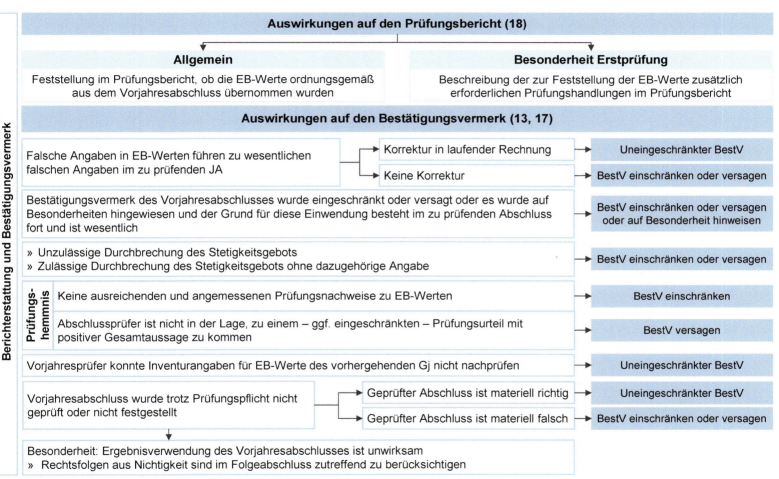

IDW PS 208
IDW Prüfungsstandard: Zur Durchführung von Gemeinschaftsprüfungen (Joint Audit)

Zusammenfassung:
In den einschlägigen gesetzlichen Vorschriften ist von „einem" oder „dem" Abschlussprüfer die Rede. Dies schließt die Bestellung mehrerer Personen zum gesetzlichen Abschlussprüfer nicht aus. Werden mehrere Personen zum Abschlussprüfer bestellt, führen diese zwar ihre Prüfung jeweils eigenverantwortlich durch, jedoch sind sie gemeinsam der Abschlussprüfer i.S.d. gesetzlichen Vorschriften. Die bestellten Personen werden in diesem Rahmen die Prüfung i.d.R. gemeinsam durchführen (Gemeinschaftsprüfung). Da sich das Gesamtergebnis der Abschlussprüfung aus den abschließenden Ergebnissen der Gemeinschaftsprüfer zusammensetzt, muss jeder der beteiligten Gemeinschaftsprüfer mit Hilfe der Prüfungsplanung und -durchführung hinreichende Sicherheit erlangen, um die Gesamtverantwortung für das Prüfungsergebnis übernehmen zu können.

Im Rahmen der Prüfungsplanung und -durchführung erfolgt ein enger Austausch zwischen den Gemeinschaftsprüfern. Die Prüfungshandlungen und die Prüfungsergebnisse jedes Gemeinschaftsprüfers, einschließlich der erforderlichen Dokumentation, sind von den anderen Gemeinschaftsprüfern in eigener Verantwortung unter Einsichtnahme in die Arbeitspapiere zu würdigen.

Besonderheiten ergeben sich bei der Wahl von Gemeinschaftsprüfern, wenn diese einer Sozietät angehören, oder wenn einer oder mehrere gewählte Gemeinschaftsprüfer nicht die Voraussetzungen zur Abschlussprüfung aufweisen oder von der Abschlussprüfung ausgeschlossen sind. Eine weitere Besonderheit tritt auf, wenn sich die Gemeinschaftsprüfer nicht auf ein einheitliches Gesamturteil über die Prüfung einigen können.

ISA:
./.

Verweise:
– *IDW PS 400:* Grundsätze für die ordnungsmäßige Erteilung von Bestätigungsvermerken bei Abschlussprüfungen
– *IDW PS 450:* Grundsätze ordnungsmäßiger Berichterstattung bei Abschlussprüfungen

IDW PS 208: Zur Durchführung von Gemeinschaftsprüfungen (Joint Audit)

Wahl von Gemeinschaftsprüfern (5 ff.)

Allgemein
- » Eindeutige Bezeichnung der Personen im Wahlbeschluss, die zum Abschlussprüfer bestellt werden sollen
- » Nennung mehrerer Personen im Wahlbeschluss ohne weitere Maßgaben → führen Prüfung gemeinsam durch

Besonderheit: Wahlbeschluss nennt WP-Sozietät
- » Alle WP-Partner der Sozietät zum Zeitpunkt der Wahl werden Gemeinschaftsprüfer
- » Später eintretende WP-Partner werden nicht Gemeinschaftsprüfer

Besonderheit: Eine oder mehrere gewählte Person(en) kann/können nicht Abschlussprüfer sein (Ausschluss nach §§ 319 Abs. 1, Abs. 2 ff., 319a oder 319b HGB) → Prüfen:
Gemeinsame Berufsausübung der gewählten Personen i.S.d. § 319 Abs. 3 HGB (z.B. Sozietät)?

Ja → Wahlbeschluss ist insgesamt nichtig

Nein → Nur die Wahl des betroffenen WPs ist nichtig
→ Ersatzprüfer bestellen oder Prüfung mit verbliebenen WPs durchführen

Auftragsverhältnis (13 f.)

- » Erteilung Prüfungsauftrag durch gesetzliche Vertreter / Aufsichtsrat
- » Jeder Gemeinschaftsprüfer entscheidet eigenständig über die Auftragsannahme
- » Gemeinschaftsprüfer sollten sich auf einheitliche Auftragsbedingungen verständigen

IDW PS 208 1/2

IDW PS 208

	Prüfungsplanung und -durchführung (15 ff.)
Gemeinsame Risikobeurteilung und Prüfungsplanung	Beschaffung/Auswertung von Informationen über » Geschäftstätigkeit » Wirtschaftliches/rechtliches Umfeld » Rechnungswesen, internes Kontrollsystem, Rechnungslegungsgrundsätze
Aufteilung der Prüfungsgebiete	» Gemeinsame Prüfgruppen in Prüffeldern mit wesentlichen Risiken » Empfehlung: mehrjährige Prüfungsplanung mit wechselnder Zuordnung der Prüfungsgebiete (Risikoreduktion) » Angemessene Beteiligung aller Gemeinschaftsprüfer an der Prüfung → keine Einschränkungen » Enge Zusammenarbeit, rechtzeitiger Austausch wesentlicher Informationen
Würdigung der Prüfungshandlungen und -ergebnisse	» Prüfungsergebnisse inkl. Dokumentation der anderen Gemeinschaftsprüfer würdigen » Einsicht und Beurteilung in Arbeitspapiere der anderen Gemeinschaftsprüfer » Austausch schriftlicher Zusammenfassungen über wesentliche Punkte zur Prüfungsdurchführung und zu den Prüfungsergebnissen

Prüfungsergebnis
Jeder Gemeinschaftsprüfer übernimmt Gesamtverantwortung für Prüfungsergebnis

Prüfungsbericht (22 ff.)

» Gemeinsamer Prüfungsbericht
» Keine Darstellung zur Aufteilung der Prüfungsgebiete auf die einzelnen Gemeinschaftsprüfer
» Meinungsverschiedenheiten zwischen den Gemeinschaftsprüfern sollten vorab geklärt werden, ansonsten in geeigneter Weise im Abschnitt „Grundsätzliche Feststellungen" im Prüfungsbericht darstellen

Bestätigungsvermerk (27 ff.)

Einheitliches Gesamturteil

Gemeinsamer Bestätigungsvermerk mit gemeinsamer Unterzeichnung

Abweichendes Gesamturteil

» Jeder Gemeinschaftsprüfer erteilt eigenen Bestätigungsvermerk
» In einem gesonderten Absatz ist auf die abweichenden Ergebnisse der anderen beteiligten Prüfer hinzuweisen

IDW PS 210
IDW Prüfungsstandard: Zur Aufdeckung von Unregelmäßigkeiten im Rahmen der Abschlussprüfung

Zusammenfassung:
In Abschlüssen sowie den dazugehörenden Lageberichten können falsche Angaben (fehlerhafte oder vorschriftswidrig unterlassene Angaben) enthalten sein, die auf Unrichtigkeiten oder Verstöße zurückzuführen sind. Angaben sind fehlerhaft, wenn eine oder mehrere der in ihnen enthaltenen Aussagen nicht zutreffen. Unrichtigkeiten sind unbeabsichtigte falsche Angaben im Abschluss und Lagebericht, z.B. aufgrund von Schreib- oder Rechenfehlern oder einer nicht bewussten falschen Anwendung von Rechnungslegungsgrundsätzen. Verstöße hingegen sind falsche Angaben im Abschluss und Lagebericht, die auf einem beabsichtigten Verstoß gegen gesetzliche Vorschriften oder Rechnungslegungsgrundsätze beruhen. Zusätzlich können von den gesetzlichen Vertretern oder Mitarbeitern des geprüften Unternehmens sonstige Gesetzesverstöße durch beabsichtigte und unbeabsichtigte Handlungen und Unterlassungen begangen werden. Diese stehen in Widerspruch zu Gesetzen, Gesellschaftsvertrag oder Satzung und führen nicht zu falschen Angaben in der Rechnungslegung.

Nach § 317 Abs. 1 Satz 3 HGB ist die Abschlussprüfung so anzulegen, dass Unrichtigkeiten und Verstöße gegen gesetzliche Vorschriften und sie ergänzende Bestimmungen des Gesellschaftsvertrags oder der Satzung, die sich auf die Darstellung des sich nach § 264 Abs. 2 HGB ergebenden Bildes der Vermögens-, Finanz- und Ertragslage des Unternehmens wesentlich auswirken, bei gewissenhafter Berufsausübung erkannt werden. Über erkannte wesentliche Unrichtigkeiten und Verstöße ist im Bestätigungsvermerk und im Prüfungsbericht zu berichten.

ISA:
ISA 240 „The Auditor's Responsibilities Relating to Fraud in an Audit of Financial Statements"
ISA 250 „Consideration of Laws and Regulations in an Audit of Financial Statements"

Verweise:
- *IDW PS 400:* Grundsätze für die ordnungsmäßige Erteilung von Bestätigungsvermerken bei Abschlussprüfungen
- *IDW PS 450:* Grundsätze ordnungsmäßiger Berichterstattung bei Abschlussprüfungen
- *IDW PS 261 n. F.:* Feststellung und Beurteilung von Fehlerrisiken und Reaktionen des Abschlussprüfers auf die beurteilten Fehlerrisiken
- *IDW PS 350:* Prüfung des Lageberichts
- *IDW PS 203 n. F.:* Ereignisse nach dem Abschlussstichtag
- *IDW PS 312:* Analytische Prüfungshandlungen
- *IDW PS 303 n. F.:* Erklärungen der gesetzlichen Vertreter gegenüber dem Abschlussprüfer

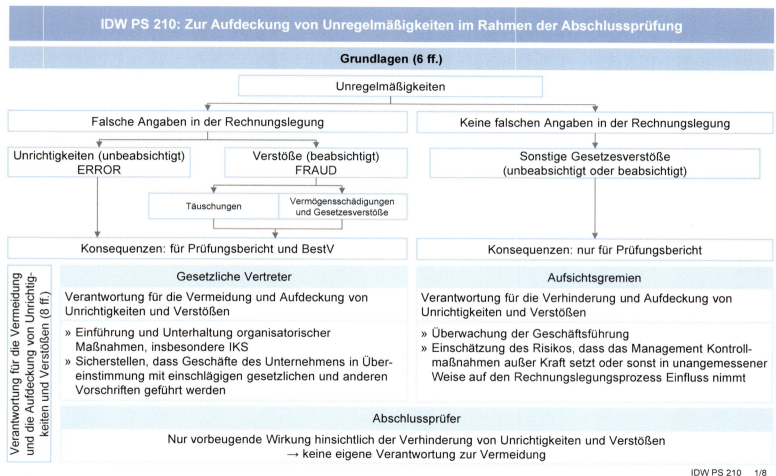

IDW PS 210

Ausrichtung der Abschlussprüfung (12 ff.)

Grundsätze	» Abschlussprüfung ist so anzulegen, dass Unrichtigkeiten und Verstöße gegen gesetzliche Vorschriften und sie ergänzende Bestimmungen des Gesellschaftsvertrags oder der Satzung, die sich auf die Darstellung der VFE-Lage des Unternehmens wesentlich auswirken, bei gewissenhafter Berufsausübung erkannt werden » Planung und Durchführung der Abschlussprüfung mit einer kritischen Grundhaltung gegenüber dem geprüften Unternehmen, dessen gesetzlichen Vertretern, Mitarbeitern und Aufsichtsorgan – ungeachtet der Erfahrungen des Abschlussprüfers über die Ehrlichkeit und Integrität dieser Personen » Abschlussprüfer hat über bei der Prüfung festgestellte Tatsachen zu berichten, die schwerwiegende Verstöße der gesetzlichen Vertreter oder von Arbeitnehmern gegen Gesetz, Gesellschaftsvertrag oder Satzung erkennen lassen
Besonderheiten	» Soweit die nach den berufsüblichen Grundsätzen zur Planung und Durchführung von Abschlussprüfungen mit der gebotenen kritischen Grundhaltung durchgeführte Abschlussprüfung keine Hinweise auf wesentliche Unrichtigkeiten und Verstöße ergibt, kann der Abschlussprüfer die Buchführung und den Abschluss sowie ggf. den Lagebericht als ordnungsgemäß akzeptieren und bestätigen » Prüfung, ob sich Vermögensschädigungen und sonstige Gesetzesverstöße nach dem Ende des zu prüfenden Geschäftsjahres bis zum Datum des Bestätigungsvermerks ereignet haben, soweit sie sich auf den nach §§ 289, 315 HGB erforderlichen Inhalt des Lageberichts auswirken

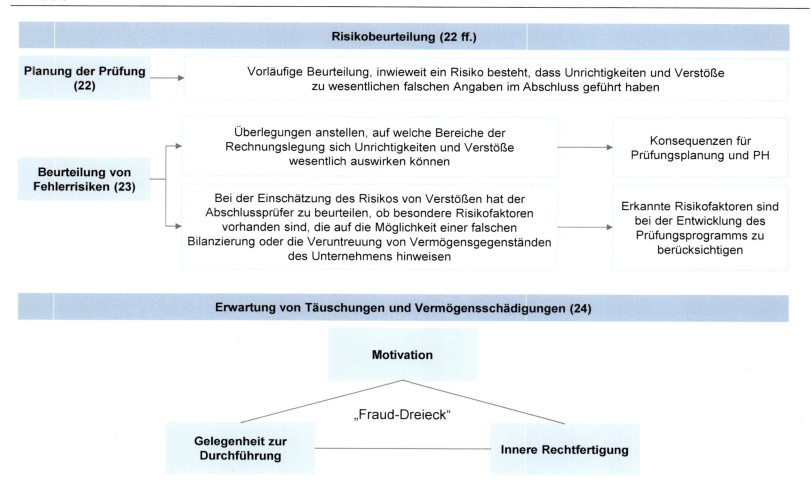

Umstände, die auf ein Risiko für Verstöße hindeuten (37)

- » Behördliche Untersuchungen sowie Straf- oder Bußgeldbescheide
- » Zahlungen für nicht spezifizierte Dienstleistungen oder Darlehen an Berater, nahe stehende Personen sowie Mitarbeiter des Unternehmens oder Behörden sowie an Personen, die dem benannten Personenkreis nahe stehen
- » Außergewöhnliche Einkaufs- oder Verkaufspreise, hohe Provisionen
- » Ungewöhnliche Zahlungen in bar, durch Inhaberschecks oder auf Nummernkonten oder Zahlungen ohne angemessenen Nachweis des Zahlungsgrundes
- » Außergewöhnliche Geschäfte mit Unternehmen in Niedrigsteuerländern
- » Zahlungen an einen Empfänger in einem anderen Land als dem Ursprungsland von bezogenen Waren- und Dienstleistungen
- » Nicht autorisierte oder ungenügend dokumentierte Geschäfte
- » Nachteilige Presseberichterstattungen

Risiken wesentlicher falscher Angaben aufgrund von Verstößen (38 f.)

Grundsatz APr muss diese Risiken auf Abschluss- und Aussageebene erkennen und beurteilen ⟶ Bedeutsame Risiken

Besonderheit Umsatzrealisierung ist grundsätzlich bedeutsames Risiko → Ausnahmen sind begründet zu dokumentieren

IDW PS 210

Aufdeckung von Unrichtigkeiten und Verstößen (40 ff.)

Reaktionen auf beurteilte Risiken wesentlicher falscher Angaben aufgrund von Unrichtigkeiten und Verstößen

Prüfungshandlungen sind so durchzuführen, dass mit hinreichender Sicherheit auf Unrichtigkeiten oder Verstößen beruhende falsche Angaben entdeckt werden, die für den Abschluss wesentlich sind → Erkennt der Abschlussprüfer falsche Angaben, ist festzustellen, auf welche Ursache diese zurückgehen, um danach mögliche Einflüsse auf die Prüfungsstrategie und das Prüfungsprogramm abzuschätzen

Allgemeine Reaktionen auf das Risiko wesentlicher falscher Angaben aufgrund von Verstößen

Der Abschlussprüfer muss ...

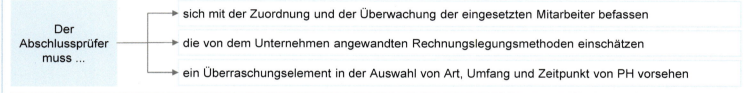

- sich mit der Zuordnung und der Überwachung der eingesetzten Mitarbeiter befassen
- die von dem Unternehmen angewandten Rechnungslegungsmethoden einschätzen
- ein Überraschungselement in der Auswahl von Art, Umfang und Zeitpunkt von PH vorsehen

Besondere Reaktionen auf das Risiko wesentlicher falscher Angaben aufgrund von Verstößen

Der Abschlussprüfer muss ...

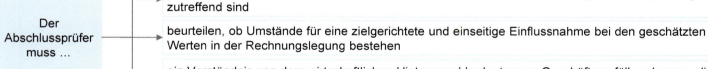

- prüfen, ob Buchungen und während der Aufstellung des Abschlusses durchgeführte Anpassungen zutreffend sind
- beurteilen, ob Umstände für eine zielgerichtete und einseitige Einflussnahme bei den geschätzten Werten in der Rechnungslegung bestehen
- ein Verständnis von dem wirtschaftlichen Hintergrund bedeutsamer Geschäftsvorfälle erlangen, die außerhalb der gewöhnlichen Geschäftstätigkeit des Unternehmens liegen oder in anderer Weise außergewöhnlich erscheinen

Unrichtigkeiten

Der Abschlussprüfer hat ausreichende und angemessene Prüfungsnachweise einzuholen, um wesentliche falsche Angaben in der Rechnungslegung aufgrund von Unrichtigkeiten zu erkennen

IDW PS 210

Verstöße

Einschätzung, ob aufgedeckte falsche Angaben in der Rechnungslegung auf Täuschungen, Vermögensschädigungen oder andere Gesetzesverstöße, die nicht zutreffend in der Rechnungslegung abgebildet werden, zurückzuführen sind → Deuten analytische PH, die zum Ende der Abschlussprüfung im Rahmen der Bildung des Gesamturteils durchgeführt werden, auf zuvor nicht erkannte Risiken wesentlicher falscher Angaben aufgrund von Verstößen hin?

Aufdeckung von Täuschungen

- Hat der Abschlussprüfer ausreichende und angemessene Prüfungsnachweise eingeholt, kann er davon ausgehen, dass das Unternehmen in dem für die Rechnungslegung gesetzten Rahmen die gesetzlichen und sonstigen Vorschriften einhält
- Der Abschlussprüfer kann grundsätzlich von der Echtheit von Dokumenten und Buchungsunterlagen sowie von der Korrektheit der übergebenen Informationen ausgehen, falls die nach berufsüblichen Grundsätzen durchgeführte Prüfung, die eine kritische Grundhaltung voraussetzt, keine gegenteiligen Anhaltspunkte erbracht hat

Aufdeckung von Vermögensschädigungen

- Schwergewicht der Prüfungshandlungen liegt auf Aufbau- und Funktionsprüfungen
- Darüber hinaus sind in angemessenem Umfang Plausibilitätsbeurteilungen anzustellen

Aufdeckung von anderen Gesetzesverstößen, die zu falschen Angaben in der Rechnungslegung führen

Beurteilung der Einhaltung von solchen gesetzlichen Vorschriften, die nicht auf die Rechnungslegung bezogen sind, aus denen sich aber aus der Sicht des Abschlussprüfers erfahrungsgemäß wesentliche Rückwirkungen auf den Abschluss ergeben

Aufdeckung von sonstigen Gesetzesverstößen (56 f.)

Grundsatz: Aufdeckung von sonstigen Gesetzesverstößen, die nicht zu falschen Angaben im JA oder LB führen, ist nicht Gegenstand der Abschlussprüfung

Besonderheit: Abschlussprüfer erkennt im Rahmen der pflichtgemäßen Durchführung der Abschlussprüfung Tatsachen, die schwerwiegende sonstige Gesetzesverstöße erkennen lassen → Darstellung im Prüfungsbericht

Maßnahmen bei Vermutung oder Aufdeckung von Unregelmäßigkeiten

Unrichtigkeiten und Verstöße

Anzeichen für Unrichtigkeiten und Verstöße (58 f.) →
- » Beurteilung, welche Umstände dazu geführt haben und welche Auswirkungen sich auf die Rechnungslegung ergeben können
- » Konsequenzen für andere Prüfungsgebiete berücksichtigen
- » Mitwirkung des höheren Management: erneute Risikobeurteilung und Auswirkungen auf Art, Umfang und Zeitpunkt der PH

Mitteilungspflichten bei aufgedeckten oder vermuteten Verstößen (60 ff.)

- Management und erforderlichenfalls das Aufsichtsorgan → auch bei nicht wesentlichem Einfluss auf Ordnungsmäßigkeit des Jahresabschlusses und des Lageberichts
- Aufsichtsorgan → wenn gV in Verstöße verwickelt sind
- gV und Aufsichtsorgan → Beteiligung von Mitarbeitern mit bedeutender Rolle im IKS oder andere Personen, deren Verstöße eine wesentliche Auswirkung auf den Abschluss und den Lagebericht haben können
- Einholung rechtlichen Rats → wenn höchste Hierarchieebene an Verstößen beteiligt ist oder keine Konsequenzen aus der Mitteilung zieht

Einholung einer schriftlichen Erklärung der gesetzlichen Vertreter und ggf. des Aufsichtsorgans (67)

Dokumentationspflichten (68)

IDW PS 210

Maßnahmen bei Vermutung oder Aufdeckung von Unregelmäßigkeiten

Prüfungsbericht (69)

- Berichterstattung über wesentliche Unrichtigkeiten und Verstöße, deren Auswirkungen auf die RL und die durchgeführten zusätzlichen PH
- Beanstandungen, die für eine angemessene Information der Berichtsempfänger von Bedeutung sind
- Tatsachen, die auf Schwächen im internen Kontrollsystem hindeuten, auch wenn sie inzwischen behoben sind
- APr kann trotz der Auskunftsbereitschaft des geprüften Unternehmens nicht abschließend feststellen, ob eine Täuschung, Vermögensschädigung oder ein Gesetzesverstoß vorliegt

Bestätigungsvermerk (71 f.)

Einschränkung oder Versagung

- Unrichtigkeit oder Verstoß wirkt sich wesentlich auf den Abschluss aus, liegt im Zeitpunkt des Abschlusses der Prüfung noch vor und ist nicht zutreffend im Abschluss dargestellt
- APr wird vom Unternehmen daran gehindert, Untersuchungen zur Aufdeckung von möglicherweise für den Abschluss wesentlichen Unrichtigkeiten und Verstößen anzustellen
- APr ist durch Umstände, die das Unternehmen nicht zu vertreten hat, daran gehindert, festzustellen, ob eine Unrichtigkeit oder ein Verstoß vorliegt

Sonstige Gesetzesverstöße (73 ff.)

Mitteilungspflichten
- Zeitnah an die gesetzlichen Vertreter → Aufsichtsorgan, wenn gV mitgewirkt haben
- Redepflicht im Prüfungsbericht

Kündigung des Prüfungsauftrags (76)

Voraussetzungen für eine Kündigung des Prüfungsauftrags aus wichtigem Grund können ggf. vorliegen → Kündigender APr muss dem nachfolgenden APr auf dessen Anfrage über die prüfungsrelevanten Aspekte Aufklärung geben

IDW PS 220
IDW Prüfungsstandard: Beauftragung des Abschlussprüfers

Zusammenfassung:
Dieser *IDW Prüfungsstandard* beschreibt, wie Wirtschaftsprüfer Vereinbarungen zur Beauftragung als Abschlussprüfer treffen und welche Grundsätze zu Form und Inhalt von Auftragsbestätigungsschreiben zu beachten sind.

Die Wahl zum Abschlussprüfer erfolgt je nach Rechtsform der zu prüfenden Gesellschaft durch unterschiedliche Personengruppen (z.B. bei der AG durch die Hauptversammlung auf Vorschlag des Aufsichtsrats). Die Beauftragung erfolgt durch Abschluss eines Vertrages über die Prüfung (Prüfungsauftrag). Der Prüfungsauftrag kommt durch schuldrechtliche Vereinbarung (Angebot und Annahme) zwischen Gesellschaft und Abschlussprüfer zustande, wobei die Gesellschaft durch das nach Gesetz oder Gesellschaftsvertrag vertretungsberechtigte Organ handelt.

Der Abschlussprüfer hat in jedem Fall vor Annahme gewissenhaft zu prüfen, ob nach den Berufspflichten ein Prüfungsauftrag angenommen werden darf und ob die besonderen Kenntnisse und Erfahrungen vorliegen, um die Prüfung sachgerecht durchführen zu können. Der Abschlussprüfer hat sich insbesondere zu vergewissern, dass dem Prüfungsauftrag keine Ausschlussgründe nach HGB, WPO sowie Berufssatzung WP/vBP entgegenstehen.

ISA:
ISA 210 „Agreeing the Terms of Audit Engagements"

Verweise:
- *IDW PS 400:* Grundsätze für die ordnungsmäßige Erteilung von Bestätigungsvermerken bei Abschlussprüfungen
- *IDW PS 450:* Grundsätze ordnungsmäßiger Berichterstattung bei Abschlussprüfungen
- *VO 1/2006:* Anforderungen an die Qualitätssicherung in der Wirtschaftsprüferpraxis

IDW PS 220: Beauftragung des Abschlussprüfers

Bestellung des gesetzlichen Abschlussprüfers (Wahl und Prüfungsauftrag) (4 ff.)

	AG	GmbH	PHG i.S.d. § 264a HGB	Publizitätspflichtige Unternehmen		
				PHG	Einzel-Kfm.	Andere Untern.
Wahl	Hauptversammlung auf Vorschlag des AR/PA	Gesellschafterversammlung (soweit Gesellschaftsvertrag nichts anderes bestimmt)		Gesellschafter (soweit Gesellschaftsvertrag nicht etwas anderes bestimmt)	Einzel-Kfm.	Aufsichtsrat (sofern nichts anderes bestimmt) bzw. gesetzliche Vertreter (bei fehlendem AR)
Beauftragung	Aufsichtsrat	Geschäftsführung (wenn nicht ein Aufsichtsrat oder Beirat zuständig ist) Bei mitbestimmten GmbH immer der Aufsichtsrat	OHG und KG durch vertretungsberechtigte persönlich haftende Gesellschafter (soweit Gesellschaftsvertrag nichts anderes bestimmt)			

Fallgestaltungen zur Abgabe der erforderlichen Erklärungen für den Vertragsschluss (7)

Auftrag zur Abschlussprüfung durch das Unternehmen enthält alle erforderlichen Vertragsbestandteile

- **Ja** → Annahme durch Auftragsbestätigungsschreiben des WP
- **Nein** → Versand des Auftragsschreibens durch den WP an das Unternehmen → Annahme des Auftrags durch Gegenzeichnung des Auftragsschreibens vom Unternehmen (oder konkludent)

Abschlussprüfer gibt vor der Wahl ein Angebot ab, das alle erforderlichen Vertragsbestandteile enthält → Annahme des Angebots durch Gegenzeichnung des Unternehmens nach der Wahl

IDW PS 220

Besonderheiten (10, 17, 24 ff.)

» Konzernabschlussprüfung: Sofern kein Konzernabschlussprüfer gesondert gewählt wurde, gilt der Abschlussprüfer des Mutterunternehmens als bestellt

» Nachtragsprüfung: Keine erneute Bestellung (Wahl und Beauftragung), aber ggf. schriftliche Bestätigung des Inhalts der Nachtragsprüfung

» Folgeprüfung: Bestellung und Vereinbarung muss für jedes Geschäftsjahr neu und unter Berücksichtigung der in diesem Standard gemachten Vorgaben erfolgen

Weitere Tätigkeiten des Abschlussprüfers im Zusammenhang mit der Beauftragung (11 f.)

» Gewissenhafte Prüfung, ob nach den Berufspflichten ein Prüfungsauftrag angenommen werden darf

» Bestehen ausreichende Kenntnisse und Erfahrungen zur sachgerechten Durchführung der Prüfung?

» Bestehen Ausschlussgründe nach §§ 319, 319a, 319b, HGB, §§ 49, 53 WPO sowie §§ 20 ff. BS WP/vBP

» Prüfung der ordnungsgemäßen Bestellung

» Prüfung auf zwischenzeitliche Umstände zur Kündigung des Auftrags

Inhalt des Prüfungsauftrags (18 ff.)

Pflicht (19 f.)

» Zielsetzung der Abschlussprüfung
» Verantwortlichkeit der gesetzlichen Vertreter für den Jahresabschluss, Buchführung und Lagebericht
» Art und Umfang der Prüfung, Berichterstattung und Bestätigung
» Hinweis auf die immanenten Grenzen einer Abschlussprüfung
» Zugriff auf alle relevanten Informationen und Hinweis auf Auskunftspflichten
» Rechtzeitige Vorlage zusätzlicher Informationen (IDW PS 202)
» Grundlagen der Vergütung
» Vereinbarungen über Haftungsbeschränkungen (nur bei freiwilliger Prüfung)
» Verpflichtung zur Abgabe einer Vollständigkeitserklärung

+

» Festlegung von Prüfungsschwerpunkten
» Erweiterungen und Ergänzungen des Prüfungsauftrags

Empfohlene Ergänzungen und Hinweise (21 f.)

» Absprachen im Zusammenhang mit der Prüfungsplanung
» Art und Weise der Berichterstattung bei ergänzenden Prüfungen
» Mögliche weitere Berichte des Prüfers und ggf. Management Letter

» Heranziehung anderer Prüfer/Sachverständiger
» Zugang zu Arbeitspapieren von Prüfern aus Drittstaaten
» Verwertung von Ergebnissen der internen Revision und Zusammenarbeit mit Mitarbeitern des Unternehmens
» Besonderheiten bei einer Erstprüfung

Veränderungen der Bedingungen für den Auftrag (27 ff.)	
Gesetzliche Abschlussprüfung	Freiwillige Abschlussprüfung
» Ergänzungen zu den gesetzlichen Mindestanforderungen können während der Abschlussprüfung hinzugefügt und aufgehoben werden	» Ergänzungen zu den gesetzlichen Mindestanforderungen können während der freiwilligen Abschlussprüfung hinzugefügt und aufgehoben werden
» Aufhebungen von gesetzlichen Mindestanforderungen sind nicht möglich	» Aufhebungen von gesetzlichen Mindestanforderungen sind möglich → es darf dann aber nur eine Bescheinigung erstellt werden, kein BestV
» Kündigung nur bei wichtigem Grund möglich (§ 318 Abs. 6 bis 8 HGB) → Berichtspflichten ggü. Folgeprüfer beachten (§ 320 Abs. 4 HGB)	» Kündigung ist ohne wichtigen Grund möglich

IDW PS 230
IDW Prüfungsstandard: Kenntnisse über die Geschäftstätigkeit sowie das wirtschaftliche und rechtliche Umfeld des zu prüfenden Unternehmens im Rahmen der Abschlussprüfung

Zusammenfassung:

Der Abschlussprüfer muss über ausreichende Kenntnisse über die Geschäftstätigkeit sowie das wirtschaftliche und rechtliche Umfeld des Unternehmens verfügen bzw. sich diese Kenntnisse verschaffen, um solche Ereignisse, Geschäftsvorfälle und Gepflogenheiten erkennen und verstehen zu können, die sich nach Einschätzung des Abschlussprüfers wesentlich auf den zu prüfenden Jahresabschluss und Lagebericht, die Abschlussprüfung, den Prüfungsbericht sowie den Bestätigungsvermerk auswirken können.

Kenntnisse über die Geschäftstätigkeit sowie das wirtschaftliche und rechtliche Umfeld beinhalten grundlegendes Wissen um die allgemeine wirtschaftliche Lage sowie die besonderen Merkmale und Verhältnisse – d.h. die bedeutsamen wirtschaftlichen und rechtlichen Rahmenbedingungen – der Branche, in der das zu prüfende Unternehmen tätig ist. Sie umfassen ferner spezifisches Wissen über die Geschäftstätigkeit des Unternehmens, insbesondere

- die Unternehmensstrategie,
- die Geschäftsrisiken,
- den Umgang mit den Geschäftsrisiken und
- die Abläufe bzw. Geschäftsprozesse im Unternehmen.

Die Geschäftstätigkeit sowie das wirtschaftliche und rechtliche Umfeld des Unternehmens zu verstehen und die hieraus gewonnenen Informationen angemessen zu verwenden, sind für den Abschlussprüfer wesentliche Grundlage für

- die Risikobeurteilung und die Identifikation möglicher Problemfelder,
- die wirksame und sachgerechte Prüfungsplanung und -durchführung,
- die Würdigung von Prüfungsnachweisen und
- eine verbesserte Dienstleistung gegenüber dem Mandanten.

Die Kenntnisse über die Geschäftstätigkeit sowie das wirtschaftliche und rechtliche Umfeld des Unternehmens bilden somit den Bezugsrahmen für eine pflichtgemäße Ermessensausübung des Abschlussprüfers im Verlauf der gesamten Abschlussprüfung.

ISA:

ISA 315 (Revised) „Identifying and Assessing the Risks of Material Misstatement through Understanding the Entity and Its Environment"

Verweise:

- IDW PS 450: Grundsätze ordnungsmäßiger Berichterstattung bei Abschlussprüfungen
- IDW PS 261 n. F.: Feststellung und Beurteilung von Fehlerrisiken und Reaktionen des Abschlussprüfers auf die beurteilten Fehlerrisiken

IDW PS 230: Kenntnisse über die Geschäftstätigkeit sowie das wirtschaftliche und rechtliche Umfeld des zu prüfenden Unternehmens im Rahmen der Abschlussprüfung

Bedeutung der Kenntnisse über die Geschäftstätigkeit sowie das wirtschaftliche und rechtliche Umfeld für den Abschlussprüfer (5 ff.)

Verschaffung ausreichender Kenntnisse über die Geschäftstätigkeit sowie das wirtschaftliche und rechtliche Umfeld

↓

Erkennen und Verstehen von Ereignissen, Geschäftsvorfällen und Gepflogenheiten, die sich wesentlich auswirken können auf:

- Jahresabschluss
- Lagebericht
- Abschlussprüfung
- Prüfungsbericht
- Bestätigungsvermerk

Abschlussprüfung:
- » Prüfungsplanung
- » Risikobeurteilung
- » Wesentlichkeit
- » Prüfungsgebiete, die besondere Aufmerksamkeit oder Fähigkeiten erfordern
- » Unternehmensrisiken und Reaktionen des Unternehmens darauf
- » Risikofrüherkennungssystem
- » Aussagekraft von Prüfungsnachweisen
- » Angemessenheit von Bilanzierungs- und Bewertungsmethoden, Angaben in JA und LB sowie geschätzten Werten einschließlich Zeitwerten
- » Nahe stehende Personen
- » Erkennen von Widersprüchen in vorliegenden Informationen und Unterlagen sowie von ungewöhnlichen Umständen

IDW PS 230 1/2

IDW PS 230

Umfang der erforderlichen Kenntnisse (8 ff.)

Kenntnisse aller Mitarbeiter des Prüfungsteams über …

Zentrale Einflussfaktoren für den Unternehmenserfolg	Unternehmensstrategie
Geschäftsprozesse, wesentliche Risiken und diesbezügliche Kontrollmechanismen	Geschäftsrisiken, die den Erfolg der Strategie gefährden können, und die Reaktion des Unternehmens darauf

Fortlaufender Prozess →

- Vor der Annahme ein vorläufiges Bild machen und prüfen, ob erforderliche Kenntnisse vorhanden sind oder angeeignet werden können
- → Weitere eingehendere Kenntnisse nach Annahme verschaffen und diese kontinuierlich überprüfen
- → Bei Folgeprüfungen den bestehenden Kenntnisstand aktualisieren

Mögliche Quellen der Informationsbeschaffung (14 ff.)

Kenntnisse und Erfahrungen in der eigenen WP-Praxis	Gespräche mit: » dem Management » anderen Prüfern oder Spezialisten » interner Revision » sonstigen sachkundigen Personen	Veröffentlichungen über das Unternehmen oder die Branche	Auskunfteien	Besichtigung des Unternehmens / der Produktionsanlagen	Vom Unternehmen erstellte Unterlagen / sonstige Unterlagen

IDW PS 240
IDW Prüfungsstandard: Grundsätze der Planung von Abschlussprüfungen

Zusammenfassung:
Der Abschlussprüfer hat sowohl die bei der Abschlussprüfung durchzuführenden Prüfungshandlungen als auch die Gesamtheit aller Aufträge angemessen zu planen, damit die Abschlussprüfung ziel- und zeitgerecht und wirtschaftlich durchgeführt werden kann. Durch eine sachgerechte Prüfungsplanung ist von der Auftragsannahme an dafür Sorge zu tragen, dass ein den Verhältnissen des zu prüfenden Unternehmens angemessener Prüfungsablauf in sachlicher, personeller und zeitlicher Hinsicht gewährleistet ist.

Neben der Planung zur Durchführung der Abschlussprüfung wird durch eine sachgerechte Gesamtplanung aller Aufträge der Wirtschaftsprüferpraxis die Voraussetzung dafür geschaffen, dass übernommene und erwartete Aufträge unter Beachtung der Berufsgrundsätze ordnungsgemäß durchgeführt und zeitgerecht abgeschlossen werden können. Die Gesamtplanung bildet somit auch die Grundlage für die bei der Entscheidung über die Auftragsannahme zu treffende Beurteilung, ob ausreichende zeitliche und personelle Kapazitäten für eine sachgerechte Ausführung des Auftrags zur Verfügung stehen.

Die Prüfungsplanung für die Abschlussprüfung umfasst die Entwicklung der Prüfungsstrategie und hierauf aufbauend die Erstellung eines Prüfungsprogramms, in dem Art, Umfang und Zeitpunkt der Prüfungshandlungen im Einzelnen festgelegt werden. Der verantwortliche Wirtschaftsprüfer hat in die Planung der Abschlussprüfung wichtige Mitglieder des Prüfungsteams einzubeziehen. Dies gilt auch für die Teilnahme an der Besprechung, in der das Prüfungsteam mögliche Anfälligkeiten für falsche Angaben in der Rechnungslegung erörtert.

ISA:
ISA 300 „Planning an Audit of Financial Statements"

Verweise:
– *IDW PS 205:* Prüfung von Eröffnungsbilanzwerten im Rahmen von Erstprüfungen
– *IDW PS 230:* Kenntnisse über die Geschäftstätigkeit sowie das wirtschaftliche und rechtliche Umfeld des zu prüfenden Unternehmens im Rahmen der Abschlussprüfung
– *IDW PS 261 n. F.:* Feststellung und Beurteilung von Fehlerrisiken und Reaktionen des Abschlussprüfers auf die beurteilten Fehlerrisiken
– *IDW PS 300 n. F.:* Prüfungsnachweise im Rahmen der Abschlussprüfung
– *VO 1/2006:* Anforderungen an die Qualitätssicherung in der Wirtschaftsprüferpraxis

IDW PS 240

IDW PS 240: Grundsätze der Planung von Abschlussprüfungen

Aufgaben der Prüfungsplanung (7 ff.)

Planung der Prüfungshandlungen pro Prüfungsauftrag

- » Angemessene Berücksichtigung aller Bereiche des Prüfungsgegenstands
- » Erkennung möglicher Problemfelder
- » Zeitgerechte Bearbeitung des Prüfungsauftrags
- » Koordinierung der Mitarbeiter und anderen Prüfer/Sachverständigen
- » Grundsatz der Wirtschaftlichkeit
- » Berücksichtigung von ergänzenden Vorstellungen des Unternehmens zu Prüfungsschwerpunkten

Gesamtplanung aller Aufträge der Wirtschaftsprüferpraxis

- Grundlage für eine ordnungsgemäße Durchführung und zeitgerechten Abschluss aller übernommenen und erwarteten Aufträge
- Grundlage für die Entscheidung zur Annahme einzelner Aufträge

Art und Umfang der Prüfungsplanung

Planung der Prüfungshandlungen pro Prüfungsauftrag (11 ff.)

Grundsatz
- » Wichtige Mitglieder des Prüfungsteams in die Planung einbeziehen
- » Umfang der Planung abhängig von Größe, Komplexität des Unternehmens sowie Schwierigkeitsgrad der Prüfung und Erfahrung/Kenntnisse der Mitarbeiter

Entwicklung einer Prüfungsstrategie

Laufende Anpassung an Erkenntnisse aus der Prüfung (21)

Enthält die Grundsatzentscheidungen des Abschlussprüfers zur Entwicklung der risikoorientierten Prüfungsstrategie, basierend auf ausreichenden Kenntnissen über das Unternehmen

Identifikation und Analyse von Risikofaktoren in den Prüfungsgebieten
- » Kritische Prüfungsgebiete (Risiko wesentlicher Fehler oder Verstöße)
- » Weniger kritische Prüfungsgebiete

Zu berücksichtigende Aspekte:
- » Kenntnisse über das Unternehmen und seine Tätigkeit
- » Verständnis vom rechnungslegungsbezogenen IKS
- » Risiko- & Wesentlichkeitseinschätzungen
- » Art, zeitlicher Ablauf und Ausmaß der Prüfungshandlungen
- » Koordination, Leitung, Überwachung und Nachschau

+ Bildung von Prüfungsschwerpunkten (risikoorientierter Prüfungsansatz)
+ Besonderheiten bei Erstprüfungen (vgl. IDW PS 205)

IDW PS 240 1/2

IDW PS 240

Erstellung eines Prüfungsprogramms

Sachliche Planung
- » Vorgabe von Prüfungszielen
- » Art, Umfang und zeitlicher Ablauf der geplanten Prüfungshandlungen
- » Verwendung der Ergebnisse anderer Prüfer oder Sachverständiger
- » Laufende Überwachung und zeitnahe Durchsicht der Ergebnisse

Zeitliche Planung
- » Terminierung einzelner Prüfungstätigkeiten
- » Vorgabe Bearbeitungszeit

Personelle Planung
- » Qualifikation und Kenntnisse der Mitarbeiter
- » Kontinuität und/oder Wechsel (Rotation) der Mitarbeiter
- » Zeitliche Verfügbarkeit der Mitarbeiter
- » Unabhängigkeit der Mitarbeiter

Laufende Anpassung an Erkenntnisse aus der Prüfung (21)

Planung der Gesamtheit aller Aufträge der Wirtschaftsprüferpraxis (25 ff.)

- Regelmäßige Abstimmung mit der Planung einzelner Aufträge
- Beginn und Dauer der einzelnen Aufträge
- Qualitative und quantitative Anforderungen an Mitarbeitereinsatz unter Berücksichtigung der Entwicklung in der Wirtschaftsprüferpraxis
- Persönliche und sonstige Voraussetzungen zur Übernahme und Fortführung von Aufträgen

Dokumentation der Prüfungsplanung sowie von Änderungen des Prüfungsplans (28 ff.)

IDW PS 250 n. F.
IDW Prüfungsstandard: Wesentlichkeit im Rahmen der Abschlussprüfung

Zusammenfassung:

In der Abschlussprüfung besagt das Konzept der Wesentlichkeit, dass die Prüfung des Jahresabschlusses und des Lageberichts bzw. des Konzernabschlusses und des Konzernlageberichts darauf auszurichten ist, mit hinreichender Sicherheit falsche Angaben aufzudecken, die wegen ihrer Größenordnung oder Bedeutung einen Einfluss auf den Aussagewert der Rechnungslegung für die Rechnungslegungsadressaten haben. Die Festlegung der Wesentlichkeit durch den Abschlussprüfer liegt in dessen pflichtgemäßem Ermessen und wird von dessen Wahrnehmung der Informationsbedürfnisse der Rechnungslegungsadressaten beeinflusst.

Das Konzept der Wesentlichkeit ist bei der Planung und Durchführung von Abschlussprüfungen zu beachten, damit dem Abschlussprüfer mit hinreichender Sicherheit die Beurteilung ermöglicht wird, ob die Rechnungslegung in allen wesentlichen Belangen in Übereinstimmung mit den anzuwendenden Rechnungslegungsgrundsätzen aufgestellt wurde. Durch die Berücksichtigung des Konzepts der Wesentlichkeit in der Abschlussprüfung erfolgt eine Konzentration auf entscheidungserhebliche Sachverhalte.

Der Abschlussprüfer muss mit dem Aufsichtsorgan über die von den gesetzlichen Vertretern nicht korrigierten falschen Angaben kommunizieren. Dies gilt auch für die Auswirkungen, welche die nicht korrigierten falschen Angaben einzeln oder insgesamt auf das Prüfungsurteil haben können. Der Abschlussprüfer hat dem Aufsichtsorgan die Gelegenheit zu geben, die gesetzlichen Vertreter zur Korrektur aufzufordern. Der Abschlussprüfer hat den Bestätigungsvermerk einzuschränken oder zu versagen, falls die gesetzlichen Vertreter zu einer Anpassung des Abschlusses bzw. Lageberichts nicht bereit sind, sofern die nicht korrigierten falschen Angaben für die Rechnungslegung wesentlich sind.

ISA:

ISA 320 „Materiality in Planning and Performing an Audit"
ISA 450 „Evaluation of Misstatements Identified during the Audit"

Verweise:

- *IDW PS 400:* Grundsätze für die ordnungsmäßige Erteilung von Bestätigungsvermerken bei Abschlussprüfungen
- *IDW PS 450:* Grundsätze ordnungsmäßiger Berichterstattung bei Abschlussprüfungen
- *IDW PS 320 n. F.:* Bei Konzernabschlussprüfungen sind weitergehende Anforderungen an die Wesentlichkeit zu beachten
- *IDW PS 261 n. F.:* Wesentlichkeit und Prüfungsrisiko stehen in einem wechselseitigen Zusammenhang: Je höher die Wesentlichkeit festgelegt wird, umso geringer ist das Prüfungsrisiko und umgekehrt
- *IDW PS 303 n. F.:* Erklärung der gesetzlichen Vertreter zu den Auswirkungen von nicht korrigierten Prüfungsdifferenzen im Jahresabschluss/ Lagebericht

IDW PS 250 n.F.: Wesentlichkeit im Rahmen der Abschlussprüfung

Wesentlichkeitskonzept

Rechnungslegung (5)

- Rechnungslegungsinformationen sind wesentlich, wenn zu erwarten ist, dass ihre falsche Darstellung bzw. ihr Weglassen im Einzelnen oder im Ganzen die Entscheidungen der Adressaten beeinflusst
- Unabhängig davon müssen die gesetzlichen Vertreter sicherstellen, dass alle buchungs- und angabepflichtigen Sachverhalte vollständig und richtig erfasst werden

Abschlussprüfung (6 ff.)

- Prüfung ist darauf auszurichten, dass mit hinreichender Sicherheit falsche Angaben aufgedeckt werden, die wegen ihrer Größenordnung oder Bedeutung einen Einfluss auf den Aussagewert der Rechnungslegung für die Rechnungslegungsadressaten haben → Konzentration auf entscheidungserhebliche Sachverhalte
- Wesentlichkeit kann sich sowohl quantitativ in einem Grenzwert als auch qualitativ in einer Eigenschaft ausdrücken

Anwendung des Wesentlichkeitskonzepts

Anwendungsbereich (10)

Wesentlichkeitskonzept ist anzuwenden bei der Prüfung des JA, LB und einzelner Prüffelder sowie in den folgenden Prüfungsphasen

- Risikobeurteilung sowie die Festlegung von Art, Zeitpunkt und Umfang der PH
- Beurteilung der Auswirkungen von festgestellten falschen Angaben auf die Prüfungsdurchführung und von nicht korrigierten falschen Angaben auf die Rechnungslegung
- Bildung des Prüfungsurteils

Zentrale Begriffe (11, 16, 19)

Wesentlichkeit für den Abschluss als Ganzes (11, 15)

- Repräsentiert die Entscheidungserheblichkeit für die Rechnungslegungsadressaten
- Pflicht zur Festlegung

Toleranzwesentlichkeit für den Abschluss als Ganzes (11, 15)

- Dient zur Beurteilung der Risiken wesentlicher falscher Angaben (insb. Aggregationsrisiko) sowie der Festlegung von Art, Zeitpunkt und Umfang der Prüfungshandlung als Reaktion auf diese Risiken
- Pflicht zur Festlegung

Nichtaufgriffsgrenze (19)

Betrag, unterhalb dessen Fehler als zweifelsfrei unbeachtlich gelten

Spezifische Wesentlichkeit (11, 16)

Festlegung bei einer besonderen Entscheidungserheblichkeit für die Rechnungslegungsadressaten bei einzelnen Arten von Geschäftsvorfällen, Kontensalden oder JA- bzw. LB-Angaben

Spezifische Toleranzwesentlichkeit (11, 16)

Pflicht zur Festlegung bei Anwendung einer spezifischen Wesentlichkeit hinsichtlich einzelner Arten von Geschäftsvorfällen, Kontensalden oder JA- bzw. LB-Angaben

IDW PS 250 n. F.

Anwendung des Wesentlichkeitskonzepts

Festlegung der Wesentlichkeit (12)

Prüferisches Ermessen bei der Festlegung …

- … einer geeigneten Bezugsgröße (z.B. Ergebnis vor Steuern, Umsatzerlöse)
- **+**
- … eines geeigneten Prozentsatzes (z.B. 3–10% vom Ergebnis vor Steuern, 0,5–3% der Umsatzerlöse)

Wesentlichkeit und Prüfungsrisiko (14)

Je höher die Wesentlichkeit festgelegt wird, umso geringer ist das Prüfungsrisiko und umgekehrt

Festlegung der Toleranzwesentlichkeit (13)

Festlegung unterhalb der Wesentlichkeit (z.B. 70–90% der Wesentlichkeit); wird beeinflusst von …

… dem Verständnis über das Unternehmen, das während der Durchführung der PH zur Risikobeurteilung aktualisiert wird

+

… Art und Umfang der bei vorhergehenden Abschlussprüfungen festgestellten falschen Angaben

+

… den Erwartungen über falsche Angaben im zu prüfenden JA/LB

Wesentlichkeit und Prüfungsplanung (15 ff.)

Bei der Planung der Prüfung (d.h. bei der Erarbeitung der Prüfungsstrategie und des Prüfungsplans) sind folgende Wesentlichkeiten festzulegen:

- Wesentlichkeit für den Abschluss als Ganzes
- Toleranzwesentlichkeit

+ ggf. spezifische Wesentlichkeit und spezifische Toleranzwesentlichkeit

Anpassung der Wesentlichkeit im Verlauf der Prüfung, wenn diese bei Kenntnis neuer Informationen abweichend festgelegt worden wäre

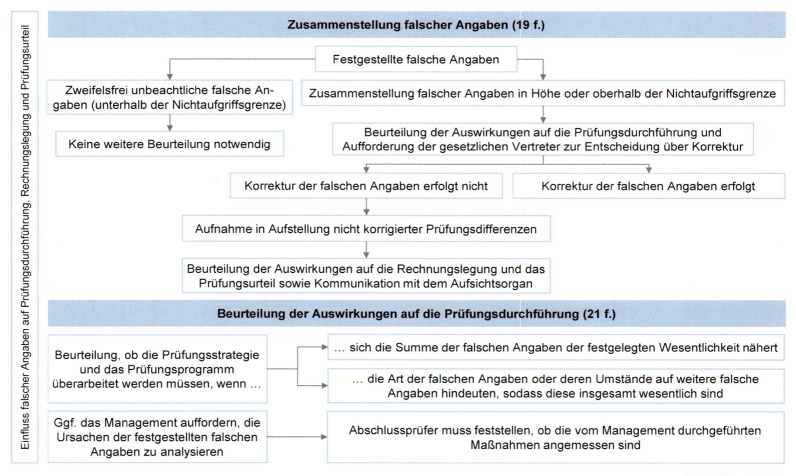

IDW PS 250 n.F.

Beurteilung der Auswirkungen auf die Rechnungslegung und das Prüfungsurteil (23 ff.)

Allgemeines (23 ff.)

Einfluss falscher Angaben auf Prüfungsdurchführung, Rechnungslegung und Prüfungsurteil

Nicht korrigierte falsche Angaben über der Nichtaufgriffsgrenze sind in die Aufstellung nicht korrigierter Prüfungsdifferenzen aufzunehmen

→ » Management in angemessener Zeit über zusammengestellte falsche Angaben informieren
  » Management zur Korrektur auffordern

→ Beurteilung, ob die nicht korrigierten falschen Angaben (inkl. Effekte aus Vorjahren) einzeln oder insgesamt für bestimmte Arten von Geschäftsvorfällen, Kontensalden, Abschluss- bzw. Lageberichtsangaben oder für den Abschluss als Ganzes wesentlich sind.

Unterlassene oder fehlerhafte Angaben im Anhang und Lagebericht (27 ff.)

(Konzern-)Anhang	Originäre (Konzern-) Anhangangabe	Aufgliederung bzw. Erläuterung von (Konzern-) Bilanz- oder GuV-Posten
Quantitative Angaben	**Unterlassen von Angaben, die Einblick in die VFE-Lage gewähren:** Würdigung unter Berücksichtigung der Entscheidungsrelevanz für die Adressaten **Unterlassen von Angaben, die anderen Einblickszielen dienen:** Grundsätzlich wesentlich **Fehlerhafte Angaben:** Würdigung unter Berücksichtigung der Entscheidungsrelevanz für die Adressaten	**Bilanz- oder GuV-Posten unwesentlich:** Unterlassene oder fehlerhafte Anhangangaben sind grundsätzlich unwesentlich **Bilanz- oder GuV-Posten wesentlich:** » Unterlassene Anhangangaben sind grundsätzlich wesentlich » Fehlerhafte Anhangangaben: Würdigung unter Berücksichtigung der Entscheidungsrelevanz für die Adressaten
Qualitative Angaben	**Unterlassen von Angaben, die Einblick in die VFE-Lage gewähren:** Würdigung unter Berücksichtigung der Entscheidungsrelevanz für die Adressaten **Unterlassen von Angaben, die anderen Einblickszielen dienen:** Grundsätzlich wesentlich **Unvollständige oder fehlerhafte Aspekte:** Würdigung unter Berücksichtigung der Entscheidungsrelevanz für die Adressaten	

→ Grundsätze sind entsprechend auf unterlassene, fehlerhafte oder unvollständige Lageberichtsangaben anzuwenden

IDW PS 250 n.F.   4/5

Kommunikation mit dem Aufsichtsorgan (31)

Einfluss falscher Angaben auf Prüfungsdurchführung, Rechnungslegung und Prüfungsurteil

An das Aufsichtsorgan sind zu kommunizieren:
- » Nicht korrigierte falsche Angaben (wesentliche nicht korrigierte falsche Angaben sind einzeln zu bezeichnen)
- » Auswirkungen der nicht korrigierten falschen Angaben (einzeln oder insgesamt) auf das Prüfungsurteil

→ Dem Aufsichtsorgan muss die Gelegenheit gegeben werden, die gesetzlichen Vertreter zur Korrektur aufzufordern

Auswirkungen auf das Prüfungsurteil (32)

Gesetzliche Vertreter sind nicht zu einer Korrektur von JA/LB bereit

+

Nicht korrigierte falsche Angaben sind wesentlich für die Rechnungslegung

→ Einschränkung/Versagung des Bestätigungsvermerks

Dokumentation (33 ff.)

Grundsatz: Die Berücksichtigung des Wesentlichkeitskonzepts ist bei den Schlussfolgerungen aus den eingeholten Prüfungsnachweisen angemessen zu dokumentieren

Spezifische Dokumentationspflichten:
- » Wesentlichkeit für den Abschluss als Ganzes
- » Spezifische Wesentlichkeiten (sofern festgelegt)
- » Toleranzwesentlichkeit(en)

inkl. der im Verlauf der Abschlussprüfung vorgenommenen Anpassungen dieser Größen

- » Nichtaufgriffsgrenze (sofern festgelegt)
- » Sämtliche im Verlauf der Abschlussprüfung zusammengestellten falschen Angaben und ob sie korrigiert wurden
- » Die Schlussfolgerung des Abschlussprüfers darüber, ob nicht korrigierte falsche Angaben einzeln oder insgesamt wesentlich sind, und die Gründe dafür

IDW PS 255
IDW Prüfungsstandard: Beziehungen zu nahe stehenden Personen im Rahmen der Abschlussprüfung

Zusammenfassung:
Bei Geschäften mit nahe stehenden Personen besteht ein hohes Kontrollrisiko, diese Geschäfte vollständig zu erfassen und die Ernsthaftigkeit der Geschäfte sowie ihrer Konditionen festzustellen. Das interne Kontrollsystem einschließlich des Rechnungslegungssystems ist daher auch in Bezug auf Geschäftsvorfälle mit nahe stehenden Personen angemessen und wirksam auszugestalten. Damit haben die gesetzlichen Vertreter sicherzustellen, dass Geschäftsvorfälle mit nahe stehenden Personen in der Buchführung ordnungsgemäß erfasst sowie im Jahres- bzw. Konzernabschluss und im Lage- bzw. Konzernlagebericht entsprechend den angewandten Rechnungslegungsgrundsätzen dargestellt sind.

Der Abschlussprüfer hat solche Prüfungshandlungen durchzuführen, die angemessene und ausreichende Prüfungsnachweise liefern, um beurteilen zu können, ob das interne Kontrollsystem angemessen und wirksam in Bezug auf Geschäftsvorfälle mit nahe stehenden Personen ausgestaltet wurde. Es kann in diesem Zusammenhang nicht erwartet werden, dass alle Beziehungen zu und Geschäftsvorfälle mit nahe stehenden Personen aufgedeckt werden. Auf der Grundlage dieser Feststellungen ist auch zu prüfen, ob die nach den Rechnungslegungsgrundsätzen erforderlichen Angaben zu den nahe stehenden Personen erfolgten sowie die Geschäftsvorfälle des Unternehmens mit nahe stehenden Personen, die für die Rechnungslegung wesentlich sind, ordnungsgemäß abgebildet sind.

Während der Prüfung sollte das Prüfungsteam auf Beziehungen zu und Geschäftsvorfälle mit nahe stehenden Personen achten, da diese Einfluss auf den Abschluss und somit auch auf Prüfungsbericht und Bestätigungsvermerk haben können.

ISA:
ISA 550 „Related Parties"

Verweise:
– *IDW PS 400:* Grundsätze für die ordnungsmäßige Erteilung von Bestätigungsvermerken bei Abschlussprüfungen
– *IDW PS 450:* Grundsätze ordnungsmäßiger Berichterstattung bei Abschlussprüfungen
– *IDW RS HFA 33:* Definition nahe stehender Personen
– *IDW PS 302 n. F.:* Bestätigungen Dritter über Geschäftsvorfälle mit nahe stehenden Personen
– *IDW PS 210:* Einschätzung, ob der wirtschaftliche Hintergrund von Geschäftsvorfällen mit nahe stehenden Personen außerhalb der gewöhnlichen Geschäftstätigkeit bzw. das Fehlen desselben darauf hindeuten, dass die Geschäftsvorfälle zur Fälschung der Rechnungslegung oder zur Unterschlagung von Vermögenswerten vorgenommen worden sein könnten
– *IDW PS 303 n. F.:* Einholung von schriftlichen Erklärungen der gesetzlichen Vertreter
– *IDW St/HFA 3/1991:* Prüfung des Berichts über Beziehungen zu verbundenen Unternehmen (Abhängigkeitsbericht nach § 312 AktG)

IDW PS 255: Beziehungen zu nahe stehenden Personen im Rahmen der Abschlussprüfung

Verantwortungen

Definition „nahe stehende Personen" (5)

Ergibt sich aus der zum jeweiligen Abschlussstichtag in EU-Recht übernommenen und in Kraft getretenen Definition des IAS 24.9 ff. (IDW RS HFA 33 Tz. 8 mit Anlagen 1+2)

Gesetzliche Vertreter (7)

Internes Kontrollsystem muss angemessen und wirksam ausgestaltet werden, um sicherzustellen, dass Geschäftsvorfälle mit nahe stehenden Personen in der Buchführung ordnungsgemäß erfasst sowie im JA/KA und LB/KLB entsprechend den angewandten Rechnungslegungsgrundsätzen dargestellt sind

Abschlussprüfer (8 f.)

Beurteilung der Angemessenheit und Wirksamkeit des IKS in Bezug auf nsP

Prüfung, ob erforderliche Angaben zu nsP erfolgten und ob wesentliche Geschäftsvorfälle mit nsP ordnungsgemäß abgebildet wurden

Grundsätzlich **keine** Prüfung der Angemessenheit von mit nsP vereinbarten Konditionen

Ausnahme 1	Ausnahme 2	Ausnahme 3
Abhängigkeitsbericht nach § 311 ff. AktG	Es liegen Anhaltspunkte für nicht angemessene Konditionen vor	Management trifft im Anhang/Konzernanhang die Aussage, dass nur wesentliche marktunübliche Geschäfte angegeben werden

Ausnahme von Ausnahme 3 (d.h. keine Prüfung der Angemessenheit von mit nsP vereinbarten Konditionen):
» Es liegen keine erkennbaren Anhaltspunkte für nicht angemessene Konditionen vor
» Im Anhang/Konzernanhang werden sämtliche wesentlichen Geschäfte mit nsP aufgenommen (marktübliche und marktunübliche)

IDW PS 255

Planung und Durchführung der Prüfung

Allgemeines (10 ff.)

» Ausreichende Kenntnisse über die Geschäftstätigkeit sowie das wirtschaftliche und rechtliche Umfeld erlangen
» Im Prüfungsteam mögliche Anfälligkeiten für wesentliche beabsichtigte oder unbeabsichtigte falsche Angaben in der Rechnungslegung erörtern, die aus Beziehungen zu und Geschäftsvorfällen mit nsP resultieren können
» Der Abschlussprüfer muss seine Prüfungshandlungen über die in diesem Prüfungsstandard aufgezeigten Prüfungshandlungen hinaus ausdehnen oder zusätzliche bzw. andere Prüfungshandlungen durchführen, wenn er Umstände festgestellt hat, die
  » das Risiko von Unrichtigkeiten und Verstößen im Zusammenhang mit nsP über das erwartete Ausmaß hinaus vergrößern, oder
  » darauf hindeuten, dass solche Unrichtigkeiten und Verstöße vorgekommen sind.

Feststellung von Beziehungen zu nahe stehenden Personen (14 ff.)

Befragung der gesetzlichen Vertreter
» Identität der nsP
» Art der Beziehungen zu den nsP
» Eingegangene Geschäftsvorfälle mit nsP inkl. Art und Zweck dieser Geschäftsvorfälle

Prüfungshandlungen zur Beurteilung der Vollständigkeit der von den gV und Aufsichtsgremien erhaltenen Informationen

Austausch relevanter Informationen innerhalb des Prüfungsteams

Auswertung von
» Vj-Arbeitspapieren nach Namen bekannter nsP
» Unternehmensregelungen zur Feststellung nsP
» Listen der Anteilseigner
» Sitzungsprotokollen
» Steuererklärungen des Unternehmens

Befragungen
» zu Verbindungen von gV, Aufsichtsgremien und leitenden Angestellten zu anderen Unternehmen
» von anderen externen Prüfern

Berücksichtigung von Prüfungsergebnissen zu Abhängigkeitsberichten (§ 311 ff. AktG)

Feststellung der Geschäftsvorfälle mit nahe stehenden Personen (17 ff.)

Planung und Durchführung der Prüfung

Verständnis für Kontrollen entwickeln, die eingerichtet wurden, um
- » Beziehungen zu und Geschäftsvorfälle mit nsP zu identifizieren, auszuweisen oder anzugeben
- » bedeutsame Geschäftsvorfälle und Vereinbarungen mit nsP innerhalb und außerhalb der gewöhnlichen Geschäftstätigkeit zu genehmigen

Durchsicht von Geschäftsvorfällen, um Hinweise auf zuvor nicht festgestellte Beziehungen zu nsP zu erhalten

Beispielsweise Geschäftsvorfälle
- » zu ungewöhnlichen Konditionen
- » ohne schlüssigen wirtschaftlichen Grund
- » deren wirtschaftlicher Gehalt von der rechtlichen Gestaltung abweicht
- » die in ungewöhnlicher Weise abgewickelt wurden
- » mit hohem oder wesentlichem Volumen mit bestimmten Kunden/Lieferanten
- » die wegen unentgeltlicher Nutzungen/Leistungen nicht gebucht wurden

Prüfungshandlungen, um Hinweise auf Geschäftsvorfälle mit nsP zu erhalten
- Einzelfallprüfungen
- Auswertung Sitzungsprotokolle
- Einsichtnahme in große oder ungewöhnliche Buchungen, insb. kurz vor oder am Stichtag
- Würdigung eingeholter Bestätigungen von Banken, Rechtsanwälten und Dritten
- Feststellung Bürgschafts-/Haftungsverhältnisse
- Feststellungen zu Beteiligungsgesellschaften

Identifizierte bedeutsame Geschäftsvorfälle mit nsP außerhalb der gewöhnlichen Geschäftstätigkeit sind als bedeutsame Risiken zu erfassen

Prüfung der festgestellten Geschäftsvorfälle mit nahe stehenden Personen (21 ff.)

Planung und Durchführung der Prüfung

Allgemeine Prüfungshandlungen
» Prüfung der Angemessenheit der Angaben über Beziehungen zu und Geschäftsvorfälle mit nsP im JA
» Einholung einer Bestätigung zu den Bedingungen und zum Betrag des Geschäftsvorfalls mit nsP
» Auswertung von Nachweisen, die im Besitz nsP sind
» Einholung einer Bestätigung oder Erörterung von Informationen mit Personen, die in Geschäftsvorfälle mit nsP involviert sind

Prüfungshandlungen zu den identifizierten bedeutsamen Geschäftsvorfällen mit nsP außerhalb der gewöhnlichen Geschäftstätigkeit
» Einsichtnahme in Verträge (Wurden Geschäftsvorfälle zur Fälschung der Rechnungslegung oder Unterschlagung von Vermögenswerten vorgenommen? Stehen die Bedingungen im Einklang mit den Erklärungen der gV? Wurden die Geschäftsvorfälle ordnungsgemäß in der Rechnungslegung erfasst und offen gelegt?)
» Prüfungsnachweise über die Genehmigung der Geschäftsvorfälle erlangen

APr identifiziert nsP oder bedeutsame Geschäftsvorfälle mit nsP, die die gV zuvor nicht festgestellt oder ihm nicht mitgeteilt haben

» Informationen unverzüglich an Prüfungsteam weitergeben
» Geeignete aussagebezogene Prüfungshandlungen durchführen
» Neueinschätzung des Risikos unentdeckter Beziehungen und Geschäftsvorfälle
» Auswirkung auf Abschlussprüfung abwägen, wenn Beziehungen oder Geschäftsvorfälle bewusst verschwiegen wurden
» gV auffordern, sämtliche Geschäftsvorfälle mit neu identifizierten nsP festzustellen
» Erfragen, warum das IKS die Feststellung dieser Beziehungen oder Geschäftsvorfälle nicht ermöglicht hat

Management hat im JA eine Aussage dahingehend getroffen, dass Geschäftsvorfälle mit nsP unter marktüblichen Bedingungen erfolgten

APr muss ausreichende geeignete Prüfungsnachweise zu dieser Aussage erlangen

Planung und Durchführung der Prüfung

Kommunikation mit dem Aufsichtsorgan (23d)

Austausch mit dem Aufsichtsorgan über bedeutsame Sachverhalte zu nsP

Erklärungen der gV ggü. dem APr (24)

Einholung schriftlicher Erklärungen zur
» Vollständigkeit der Informationen über nsP und Geschäftsvorfälle mit diesen
» Angemessenheit der Angaben in der Rechnungslegung zu nsP

Beurteilung der Angaben von Beziehungen zu und Geschäftsvorfällen mit nsP im JA/LB (24a)

Beurteilung, ob
» identifizierte Beziehungen zu und Geschäftsvorfälle mit nsP in Übereinstimmung mit den Rechnungslegungsgrundsätzen sind
» die Auswirkungen dieser Beziehungen und Geschäftsvorfälle verhindern, dass der JA ein den tatsächlichen Verhältnissen entsprechendes Bild vermittelt und der LB eine zutreffende Vorstellung von der Lage der Gesellschaft gibt

Prüfungsbericht und Bestätigungsvermerk (25)

Darstellung im Prüfungsbericht, wenn
» ausreichende und angemessene Prüfungsnachweise zu nsP nicht erlangt werden können (Prüfungshemmnis) oder
» die Angaben hierzu in der Rechnungslegung nicht ordnungsgemäß sind
→ ggf. Konsequenzen für den BestV

Arbeitspapiere (25a)

» Identifizierte nahe stehende Personen benennen
» Art der Beziehungen zu ihnen festhalten

Prüfung des Berichts über die Beziehungen zu verbundenen Unternehmen (26)

» Besondere Prüfungsanforderungen durch § 313 AktG
» Prüfung des Berichts des Vorstandes über die Beziehungen zu verbundenen Unternehmen (§ 312 AktG, IDW St/HFA 3/1991)

IDW PS 261 n. F.
IDW Prüfungsstandard: Feststellung und Beurteilung von Fehlerrisiken und Reaktionen des Abschlussprüfers auf die beurteilten Fehlerrisiken

Zusammenfassung:
Eine Abschlussprüfung ist darauf auszurichten, dass die Prüfungsaussagen mit hinreichender Sicherheit getroffen werden können. Zu diesem Zweck muss das Risiko der Abgabe eines positiven Prüfungsurteils trotz vorhandener Fehler in der Rechnungslegung (Prüfungsrisiko) auf ein akzeptables Maß reduziert werden. Fehler können hierbei sowohl unabsichtlich als auch absichtlich entstanden sein. Der Abschlussprüfer muss die einzelnen Komponenten des Prüfungsrisikos kennen und analysieren. Eine solche Analyse unter ergänzender Berücksichtigung der Unternehmensrisiken ist Voraussetzung für die Entwicklung einer risikoorientierten Prüfungsstrategie und eines daraus abzuleitenden Prüfungsprogramms.

Dazu hat der Abschlussprüfer Risiken wesentlicher falscher Angaben in der Rechnungslegung (Fehlerrisiken) festzustellen und zu beurteilen sowie in angemessener Weise auf die beurteilten Risiken zu reagieren (risikoorientierter Prüfungsansatz). Zur Feststellung der Fehlerrisiken verschafft sich der Abschlussprüfer ein Verständnis von dem Unternehmen sowie von dessen rechtlichem und wirtschaftlichem Umfeld, einschließlich des internen Kontrollsystems. Auf der Grundlage der Beurteilung der Fehlerrisiken hat der Abschlussprüfer Prüfungsnachweise zur Funktion relevanter Teile des internen Kontrollsystems (Funktionsprüfungen) und zu den einzelnen Aussagen in der Rechnungslegung (aussagebezogene Prüfungshandlungen) einzuholen. Mit Funktionsprüfungen und aussagebezogenen Prüfungshandlungen reagiert der Abschlussprüfer auf die beurteilten Fehlerrisiken auf Aussageebene.

Stellt der Abschlussprüfer im Rahmen seiner Prüfungshandlungen Schwächen im Aufbau oder in der Wirksamkeit des internen Kontrollsystems fest, muss er diese Schwächen in Abhängigkeit von ihrer Bedeutsamkeit an das Management und das Aufsichtsorgan kommunizieren.

ISA:
ISA 315 (Revised) „Identifying and Assessing the Risks of Material Misstatement through Understanding the Entity and Its Environment"
ISA 330 „The Auditor's Responses to Assessed Risks"
ISA 265 „Communicating Deficiencies in Internal Control to Those Charged with Governance and Management"

Verweise:
– *IDW PS 400:* Grundsätze für die ordnungsmäßige Erteilung von Bestätigungsvermerken bei Abschlussprüfungen
– *IDW PS 450:* Grundsätze ordnungsmäßiger Berichterstattung bei Abschlussprüfungen
– *IDW PS 210:* Zur Aufdeckung von Unregelmäßigkeiten im Rahmen der Abschlussprüfung
– *IDW PS 230:* Kenntnisse über die Geschäftstätigkeit sowie das wirtschaftliche und rechtliche Umfeld des zu prüfenden Unternehmens im Rahmen der Abschlussprüfung
– *IDW PS 240:* Grundsätze der Planung von Abschlussprüfungen
– *IDW PS 250 n. F.:* Wesentlichkeit im Rahmen der Abschlussprüfung
– *IDW PS 300 n. F.:* Prüfungsnachweise im Rahmen der Abschlussprüfung
– *IDW PS 330:* Abschlussprüfung bei Einsatz von Informationstechnologie
– *IDW PH 9.100.1:* Besonderheiten der Abschlussprüfung kleiner und mittelgroßer Unternehmen

IDW PS 261 n.F.: Feststellung und Beurteilung von Fehlerrisiken und Reaktionen des APr auf die beurteilten Fehlerrisiken

Prüfungsrisiko (5 ff.)
Risiko der Abgabe eines positiven Prüfungsurteils trotz vorhandener Fehler in der Rechnungslegung

Fehlerrisiko

Inhärentes Risiko
Anfälligkeit eines Prüffeldes für das Auftreten von Fehlern, die für sich oder zusammen mit Fehlern in anderen Prüffeldern wesentlich sind, ohne Berücksichtigung des IKS

Kontrollrisiko
Gefahr, dass Fehler, die in Bezug auf ein Prüffeld ggf. zusammen mit Fehlern aus anderen Prüffeldern wesentlich sind, durch das IKS des Unternehmens nicht verhindert oder aufgedeckt und korrigiert werden

Entdeckungsrisiko
Risiko, dass der Abschlussprüfer durch seine Prüfungshandlungen Fehler in der Rechnungslegung nicht entdeckt, die für sich oder zusammen mit anderen Fehlern wesentlich sind

Abhängigkeiten

- **Fehlerrisiko und aussagebezogene PH:** Bei einem höheren Kontroll- und damit höheren Fehlerrisiko, müssen mehr aussagebezogene Prüfungshandlungen durchgeführt werden als bei einem niedrigeren Kontroll- und damit niedrigeren Fehlerrisiko
- **Wesentlichkeitsgrad und Prüfungsrisiko:** Bei einer Herabsetzung des Wesentlichkeitsgrads erhöht sich die Wahrscheinlichkeit für das Vorliegen wesentlicher Fehler, und damit steigen die Fehlerrisiken und das Entdeckungsrisiko, d.h. es steigt das Prüfungsrisiko

Risikoorientierter Prüfungsansatz (10 ff.)

Feststellung von Fehlerrisiken → Beurteilung der festgestellten Fehlerrisiken →

Gesonderte Feststellung der folgenden Risiken:
» Bedeutsame Risiken
» Risiken, bei denen aussagebezogene PH alleine zur Gewinnung hinreichender Sicherheit nicht ausreichen

Einholung von Prüfungsnachweisen zur Funktion relevanter Teile des IKS (Funktionsprüfungen) und zu den einzelnen Aussagen in der RL (aussagebezogene Prüfungshandlungen) als Reaktion auf die beurteilten Fehlerrisiken

Prüfungsrisiko und risikoorientierter Prüfungsansatz

IDW PS 261 n. F.

	Gewinnung eines Verständnisses von dem Unternehmen sowie von dessen rechtlichem und wirtschaftlichem Umfeld (13 ff.)	
Feststellung und Beurteilung von Fehlerrisiken	**Feststellung von Fehlerrisiken auf Unternehmensebene**	Analyse folgender interner und externer Bereiche des Unternehmens: » Unternehmensumfeld » Merkmale des Unternehmens » Ziele und Strategien des Unternehmens » Erfolgskennzahlen und Erfolgsmessung Berücksichtigung folgender Faktoren: » Integrität und Kompetenz des Managements sowie Kontinuität in der Zusammensetzung der gV » ungünstige Entwicklungen im Unternehmen oder in der Branche, die das Management zur Anwendung fragwürdiger bilanzpolitischer Maßnahmen verleiten könnten » branchenspezifische Faktoren » neue fachliche Standards oder gesetzliche Regelungen, die erstmals in der RL zu beachten sind » fachliche Kompetenz der für die Rechnungslegung zuständigen Mitarbeiter
	Prüffeldspezifische Beurteilung von Fehlerrisiken	Berücksichtigung folgender Aspekte: » Fehleranfälligkeit von Posten des Abschlusses » Komplexität der Geschäftsvorfälle » Beurteilungsspielräume bei Ansatz und Bewertung von Vermögensgegenständen und Schulden » Gefahr von Verlust oder Unterschlagung bei Vermögensgegenständen » Abschluss ungewöhnlicher oder komplexer Geschäfte, insb. gegen Ende des Geschäftsjahres » Geschäftsvorfälle, die nicht routinemäßig verarbeitet werden
	Erörterung im Prüfungsteam	Mitglieder des Prüfungsteams sollen … » ein besseres Verständnis von der Möglichkeit wesentlicher falscher Angaben erlangen, die sich aus Verstößen oder Unrichtigkeiten in den ihnen jeweils zugeteilten Prüfungsgebieten ergeben » verstehen, welche Auswirkungen die Ergebnisse der von ihnen durchgeführten PH auf andere Aspekte der Abschlussprüfung, einschließlich der Entscheidungen über Art, Umfang und zeitliche Einteilung weiterer PH, haben können

Begriff und Aufgaben des internen Kontrollsystems (19 ff.)

Feststellung und Beurteilung von Fehlerrisiken

Definition internes Kontrollsystem

Unter einem internen Kontrollsystem werden die von dem Management im Unternehmen eingeführten Grundsätze, Verfahren und Maßnahmen (Regelungen) verstanden, die gerichtet sind auf die organisatorische Umsetzung der Entscheidungen des Managements
» zur Sicherung der Wirksamkeit und Wirtschaftlichkeit der Geschäftstätigkeit (hierzu gehört auch der Schutz des Vermögens, einschließlich der Verhinderung und Aufdeckung von Vermögensschädigungen),
» zur Ordnungsmäßigkeit und Verlässlichkeit der internen und externen Rechnungslegung sowie
» zur Einhaltung der für das Unternehmen maßgeblichen rechtlichen Vorschriften.

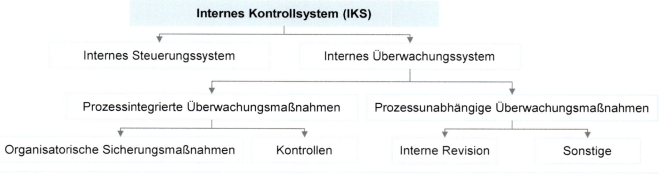

Bedeutung für die Abschlussprüfung

» Die auf die Sicherung der Ordnungsmäßigkeit und Verlässlichkeit der RL (Buchführung, Abschluss und Lagebericht) gerichteten Teile des IKS sind sämtlich für die Abschlussprüfung von Bedeutung
» Die auf die Einhaltung sonstiger gesetzlicher Vorschriften gerichteten Teile des IKS sind für die Abschlussprüfung insoweit von Bedeutung, als sich daraus üblicherweise Rückwirkungen auf den geprüften Abschluss und Lagebericht ergeben können
» Die Prüfung des Risikofrüherkennungssystems geht insoweit über die Prüfung des rechnungslegungsbezogenen IKS hinaus, als auch nicht rechnungslegungsbezogene Feststellungen zu treffen sind
» Auch ein sachgerecht gestaltetes IKS kann nicht in jedem Fall gewährleisten, dass die mit dem IKS verfolgten Ziele erreicht werden

Ausgestaltung des internen Kontrollsystems durch das Unternehmen (26 ff.)

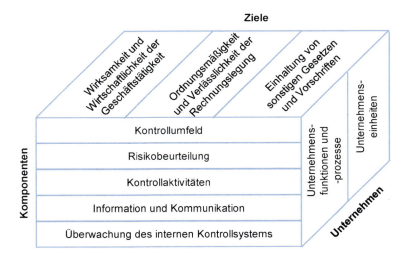

Bei der Ausgestaltung eines IKS sind u.a. folgende wesentliche Faktoren zu berücksichtigen (27):
» Größe und Komplexität des Unternehmens
» Rechtsform und Organisation des Unternehmens
» Art der Geschäftstätigkeit des Unternehmens
» Komplexität und Diversifikation der Geschäftstätigkeit
» Methoden der Erfassung, Verarbeitung, Aufbewahrung und Sicherung von Informationen
» Art und Umfang der zu beachtenden rechtlichen Vorschriften

Relevanz des internen Kontrollsystems für die Abschlussprüfung (35 f.)

Grundsatz	Verständnis vom IKS insoweit entwickeln, als es für die Feststellung und Beurteilung der Fehlerrisiken sowie der prüferischen Reaktionen auf die beurteilten Fehlerrisiken erforderlich ist
Besonderheit	Zu den originären prüfungsrelevanten Bestandteilen des IKS gehören: » Rechnungslegungssystem einschließlich Buchführungssystem » Risikofrüherkennungssystem (sofern prüfungspflichtig)

Feststellung und Beurteilung von Fehlerrisiken

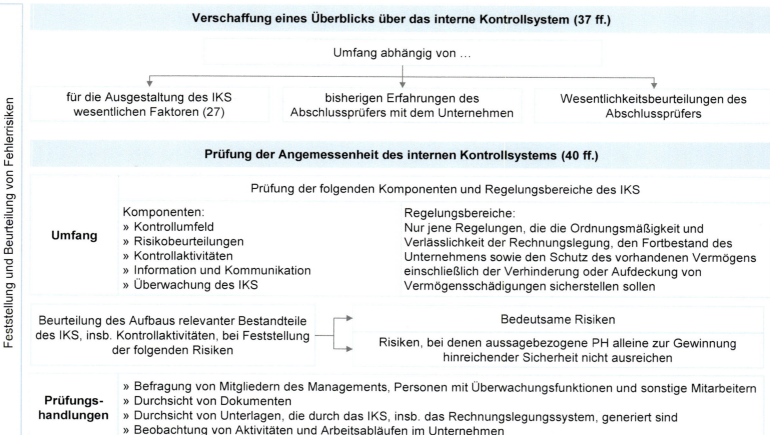

Beurteilung der festgestellten Fehlerrisiken (64 ff.)

Feststellung und Beurteilung von Fehlerrisiken

APr hat bei der Gewinnung eines Verständnisses von dem Unternehmen sowie von dessen rechtlichem und wirtschaftlichem Umfeld inkl. des IKS Fehlerrisiken festgestellt → Beurteilung der Auswirkungen, die die festgestellten Fehlerrisiken auf die Rechnungslegung insgesamt und auf einzelne Aussagen in der Rechnungslegung haben →

- Die Beurteilung der Fehlerrisiken umfasst die Feststellung der Größenordnung und Eintrittswahrscheinlichkeit möglicher falscher Angaben in der Rechnungslegung
- Gesonderte Erfassung folgender Risiken
  » Bedeutsame Risiken (u.a. Umsatzrealisierung)
  » Risiken, bei denen aussagebezogene PH alleine zur Gewinnung hinreichender Sicherheit nicht ausreichen

Festlegung und Durchführung von Prüfungshandlungen als Reaktion auf die beurteilten Fehlerrisiken (70 ff.)

Mögliche Reaktionen des Abschlussprüfers auf die beurteilten Fehlerrisiken

Abschlussebene
Allgemeine Reaktionen auf Abschlussebene

Hierbei kann es sich insbesondere um folgende Maßnahmen handeln:
» Betonung der kritischen Grundhaltung
» Einsatz von Spezialisten im Prüfungsteam
» Durchführung von nach Art, Umfang und Zeitpunkt überraschenden PH
» Besondere Qualitätssicherungsmaßnahmen

Aussageebene
Prüfungshandlungen, die bestimmte Aussagen in der RL betreffen

Funktionsprüfungen | Aussagebezogene PH

Funktionsprüfungen (73 ff.)

Umfang

Wurde i.R.d. Aufbauprüfung die Angemessenheit interner Kontrollmaßnahmen festgestellt, sind bzgl. dieser Kontrollmaßnahmen Funktionsprüfungen immer dann durchzuführen,
» wenn der APr bei einer Aussage in der RL von der Wirksamkeit einer Kontrollmaßnahme ausgeht und somit ein Teil der erforderlichen Prüfungssicherheit aus der Annahme eines wirksamen IKS resultiert
» oder in den Fällen, in denen aussagebezogene Prüfungshandlungen alleine zur Gewinnung hinreichender Prüfungssicherheit auf Aussageebene nicht ausreichen.

Prüfungshandlungen	Mehrjahresprüfung
» Befragung von Mitarbeitern » Durchsicht von Nachweisen über die Durchführung der Maßnahmen » Beobachtung der Durchführung von Maßnahmen » Nachvollzug von Kontrollaktivitäten durch den Abschlussprüfer » Auswertung von Ablaufdiagrammen, Checklisten und Fragebögen » Einsichtnahme in die Berichte der Internen Revision » IT-gestützte Prüfungshandlungen	Bei nicht bedeutsamen Risiken brauchen unveränderte Kontrollmaßnahmen lediglich in jeder dritten aufeinander folgenden Abschlussprüfung einer Funktionsprüfung unterzogen werden Besonderheit: Prüfungsnachweise aus früheren Abschlussprüfungen werden für mehrere Kontrollmaßnahmen verwendet → die Wirksamkeit zumindest einiger Kontrollmaßnahmen ist in der laufenden Abschlussprüfung zu prüfen

Prüfungszeitraum

Im Rahmen von Vorprüfungen gewonnene Erkenntnisse über die Wirksamkeit des IKS müssen um eine Beurteilung des IKS für den Zeitraum zwischen Vorprüfung und Abschlussstichtag ergänzt werden

Aussagebezogene Prüfungshandlungen (80 ff.)

Umfang	Unabhängig von der Höhe der Fehlerrisiken muss der Abschlussprüfer zumindest in wesentlichen Prüffeldern, d.h. für wesentliche Arten von Geschäftsvorfällen, Kontensalden und Abschlussinformationen, aussagebezogene Prüfungshandlungen durchführen und darf sein Prüfungsurteil nicht ausschließlich auf die Ergebnisse der Beurteilung der inhärenten Risiken und der Prüfung des IKS stützen	
BestV	Entdeckungsrisiko kann in Bezug auf ein wesentliches Prüffeld durch aussagebezogene PH nicht in ausreichendem Maße reduziert werden	→ Bestätigungsvermerk einschränken oder versagen

Abschließende Beurteilungen (85)

Abschließende Beurteilung, ob die im Verlauf der Prüfung getroffenen Einschätzungen zu den Fehlerrisiken und die Reaktionen darauf angemessen sind

Dokumentation (86 ff.)

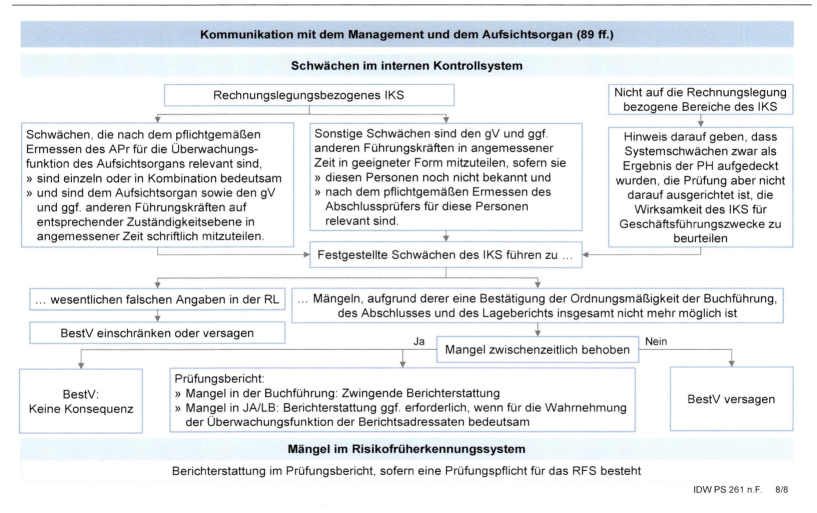

IDW PS 270 n. F.
IDW Prüfungsstandard: Die Beurteilung der Fortführung der Unternehmenstätigkeit im Rahmen der Abschlussprüfung (Stand: 11.07.2018)

Zusammenfassung:
Der Abschlussprüfer hat im Rahmen der Abschlussprüfung zu beurteilen, ob die von den gesetzlichen Vertretern vorgenommene Einschätzung der Fähigkeit des Unternehmens zur Fortführung der Unternehmenstätigkeit angemessen ist. Ferner hat er zu beurteilen, ob nach seinem Ermessen eine wesentliche Unsicherheit im Zusammenhang mit Ereignissen oder Gegebenheiten besteht, die einzeln oder insgesamt bedeutsame Zweifel an der Fähigkeit des Unternehmens zur Fortführung der Unternehmenstätigkeit aufwerfen können, und das Unternehmen daher möglicherweise nicht in der Lage ist, im gewöhnlichen Geschäftsverlauf seine Vermögenswerte zu realisieren sowie seine Schulden zu begleichen. Wesentliche Unsicherheiten entsprechen dem Begriff der bestandsgefährdenden Risiken nach § 322 Abs. 2 Satz 3 HGB.

IDW PS 270 n. F. legt dar, dass über eine wesentliche Unsicherheit eine Angabepflicht in sämtlichen HGB-Abschlüssen besteht. In der Regel erfolgen diese Angaben im Anhang. Wird kein Anhang aufgestellt, können diese Ausführungen beispielsweise unter der Bilanz erfolgen. Falls der Abschlussprüfer zu der Schlussfolgerung kommt, dass eine wesentliche Unsicherheit besteht, hat er festzustellen, ob die entsprechenden Angaben im Anhang und – sofern einschlägig – im Lagebericht gemacht wurden. Der Abschlussprüfer hat in diesem Fall einen Hinweis über die wesentliche Unsicherheit in einen gesonderten Abschnitt des Bestätigungsvermerks aufzunehmen. Sind die Angaben nicht angemessen, ist das Prüfungsurteil gemäß *IDW PS 405* zu modifizieren.

Eine Bilanzierung unter Anwendung des Rechnungslegungsgrundsatzes der Fortführung der Unternehmenstätigkeit ist unangemessen, wenn die gesetzlichen Vertreter gezwungen sind (d.h. sie haben keine realistische Alternative) oder wenn die Entscheidung getroffen wurde, das gesamte Unternehmen zu liquidieren oder die Geschäftstätigkeit einzustellen. Wurde der Abschluss dennoch unter der Annahme der Fortführung der Unternehmenstätigkeit aufgestellt, hat der Abschlussprüfer sein Prüfungsurteil zum Abschluss zu versagen.

Pflicht zur Anwendung:
IDW PS 270 n. F. ist anzuwenden für Berichtszeiträume, die am oder nach dem 15.12.2017 beginnen, mit der Ausnahme von Rumpfgeschäftsjahren, die vor dem 31.12.2018 enden.

Kreis der Unternehmen:
Alle Unternehmen.

IDW PS 270 n.F.: Die Beurteilung der Fortführung der Unternehmenstätigkeit im Rahmen der Abschlussprüfung

Fortführung der Unternehmenstätigkeit (4)
» Ist das Unternehmen in der Lage, im gewöhnlichen Geschäftsverlauf seine Vermögenswerte zu realisieren und seine Schulden zu begleichen?

Rechnungslegungsgrundsatz der Fortführung der Unternehmenstätigkeit (4)
» Der Abschluss wird unter der Annahme aufgestellt, dass das Unternehmen für die absehbare Zukunft seine Geschäftstätigkeit fortführt
» § 252 Abs. 1 Nr. 2 HGB: Bei der Bewertung ist von der Fortführung der Unternehmenstätigkeit auszugehen, sofern dem nicht tatsächliche oder rechtliche Gegebenheiten entgegenstehen
» IAS 1.25: Der Abschluss ist unter Anwendung des Rechnungslegungsgrundsatzes der Fortführung der Unternehmenstätigkeit aufzustellen, es sei denn, die gesetzlichen Vertreter beabsichtigen, entweder das Unternehmen zu liquidieren oder das Geschäft einzustellen, oder sie haben hierzu keine realistische Alternative

Verantwortung der gesetzlichen Vertreter (5 ff.)		
Vornahme einer Einschätzung der Fähigkeit des Unternehmens zur Fortführung der Unternehmenstätigkeit bei Aufstellung des Abschlusses	Besteht eine wesentliche Unsicherheit, muss hierüber im Abschluss und – sofern einschlägig – im Lagebericht berichtet werden	Im Abschluss erfolgen die Angaben i.d.R. im Anhang, ansonsten an geeigneter Stelle, bspw. unter der Bilanz

Ziele des Abschlussprüfers (14)		
Beurteilung, ob die Einschätzung der gesetzlichen Vertreter über die Anwendung des Rechnungslegungsgrundsatzes der Fortführung der Unternehmenstätigkeit bei der Aufstellung des Abschlusses angemessen ist	Beurteilung, ob eine wesentliche Unsicherheit im Zusammenhang mit Ereignissen oder Gegebenheiten besteht, die einzeln oder insgesamt bedeutsame Zweifel an der Fähigkeit des Unternehmens zur Fortführung der Unternehmenstätigkeit aufwerfen können	Berichterstattung im Bestätigungsvermerk und Prüfungsbericht

Risikobeurteilung und damit zusammenhängende Tätigkeiten (15 f.)

» Der Abschlussprüfer hat abzuwägen, ob Ereignisse oder Gegebenheiten vorliegen, die einzeln oder insgesamt bedeutsame Zweifel an der Fähigkeit des Unternehmens zur Fortführung der Unternehmenstätigkeit aufwerfen können (kurz: Ereignisse oder Gegebenheiten)

» 22 Beispiele zu finanzwirtschaftlichen, betrieblichen und sonstigen Gegebenheiten (A5)

» Haben die gesetzlichen Vertreter bereits eine vorläufige Einschätzung der Fähigkeit des Unternehmens zur Fortführung der Unternehmenstätigkeit vorgenommen?

Ja → Erörterung und Feststellung, ob die gesetzlichen Vertreter Ereignisse oder Gegebenheiten erkannt haben und wenn ja, welche Pläne verfolgt werden, um diesen zu begegnen

Nein → Mit den gesetzlichen Vertretern ist die Grundlage für die beabsichtigte Anwendung des Rechnungslegungsgrundsatzes der Fortführung der Unternehmenstätigkeit zu erörtern und sie sind zu Ereignissen oder Gegebenheiten zu befragen

Der Abschlussprüfer hat während der gesamten Abschlussprüfung auf Prüfungsnachweise über Ereignisse oder Gegebenheiten zu achten

Beurteilung der Einschätzung der gesetzlichen Vertreter (17 ff.) / Zeitraum jenseits des der Einschätzung der gesetzlichen Vertreter zugrunde gelegten Zeitraums (20)

» Prognosezeitraum mindestens zwölf Monate ab dem Abschlussstichtag des zu prüfenden Geschäftsjahres

» Befragung der gesetzlichen Vertreter, ob ihnen Ereignisse oder Gegebenheiten bekannt sind, die nach dem Zeitraum eintreten werden, auf den sich ihre Einschätzung bezieht, und die bedeutsame Zweifel an der Fortführung der Unternehmenstätigkeit aufwerfen können

IDW PS 270 n. F.

Zusätzliche Prüfungshandlungen, wenn Ereignisse oder Gegebenheiten identifiziert wurden (21)

Wurden Ereignisse oder Gegebenheiten identifiziert, die bedeutsame Zweifel an der Fähigkeit des Unternehmens zur Fortführung der Unternehmenstätigkeit aufwerfen können?

Ja | **Nein**

Ja:
- » Erlangung ausreichender geeigneter Prüfungsnachweise, um festzustellen, ob eine wesentliche Unsicherheit im Zusammenhang mit Ereignissen und Gegebenheiten besteht, die bedeutsame Zweifel an der Fähigkeit des Unternehmens zur Fortführung der Unternehmenstätigkeit aufwerfen können (kurz: wesentliche Unsicherheit)
- » Berücksichtigung von Tatsachen und Maßnahmen, die dieser Unsicherheit entgegenwirken
- » Durchführung zusätzlicher Prüfungshandlungen, die Folgendes umfassen müssen:
  a) Gesetzliche Vertreter auffordern, eine Einschätzung der Fähigkeit des Unternehmens zur Fortführung der Unternehmenstätigkeit vorzunehmen, sofern sie dies noch nicht getan haben
  b) Beurteilung der Pläne der gesetzlichen Vertreter für zukünftige Maßnahmen; dabei auch beurteilen, ob die Folgen dieser Pläne voraussichtlich die Situation verbessern und die Pläne unter den gegebenen Umständen durchführbar sind
  c) Falls eine Liquiditätsprognose vorliegt: Analyse durch den Abschlussprüfer, einschließlich Würdigung, ob die zugrunde liegenden Daten verlässlich sind, und Feststellung, ob die zugrunde liegenden Annahmen ausreichend begründet sind
  d) Abwägung, ob nach dem Zeitpunkt der Einschätzung durch die gesetzlichen Vertreter zusätzliche Tatsachen oder Informationen verfügbar geworden sind
  e) Anforderung schriftlicher Erklärungen der gesetzlichen Vertreter und soweit angebracht der für die Überwachung Verantwortlichen zu Plänen für künftige Maßnahmen und deren Durchführbarkeit

Nein:
Keine weitergehenden Prüfungshandlungen erforderlich

IDW PS 270 n.F. 3/4

Schlussfolgerungen des Abschlussprüfers (22 ff.) und Auswirkungen auf den Bestätigungsvermerk (28 ff.)

» Wurden ausreichende geeignete Prüfungsnachweise über die Angemessenheit des von den gesetzlichen Vertretern bei der Aufstellung des Abschlusses angewandten Rechnungslegungsgrundsatzes der Fortführung der Unternehmenstätigkeit erlangt?

↓ Ja

Ist die Anwendung dieses Rechnungslegungsgrundsatzes angemessen?

↓ Ja

Besteht nach dem Ermessen des Abschlussprüfers eine **wesentliche Unsicherheit**?

↓ Nein | ↓ Ja | Nein | Nein

- **Nein-Zweig:**
  - » Enthält der Abschluss angesichts der maßgebenden Rechnungslegungsgrundsätze angemessene Angaben zu den identifizierten Ereignissen und Gegebenheiten (26)?
  - » Anwendung auf den Lagebericht (27)

- **Ja-Zweig:**
  - » Sind im Abschluss die wichtigsten Ereignisse und Gegebenheiten und die Pläne der gesetzlichen Vertreter zum Umgang hiermit angemessen angegeben und ist eindeutig angegeben, dass eine wesentliche Unsicherheit besteht (24)?
  - » Anwendung auf den Lagebericht (25)

Ergebnisse:

- **Ja** → Keine Pflicht zur Aufnahme eines gesonderten Abschnitts zur Fortführung der Unternehmenstätigkeit in den Bestätigungsvermerk
- **Nein** → Modifizierung des Prüfungsurteils nach IDW PS 405
- **Ja** → Aufnahme eines gesonderten Abschnitts zur Fortführung der Unternehmenstätigkeit in den Bestätigungsvermerk (29, 30)
- **Nein** → Modifizierung des Prüfungsurteils nach IDW PS 405 (31, 32)
- **Nein** (zu "Ist die Anwendung dieses Rechnungslegungsgrundsatzes angemessen?") → Bilanzierung zu Liquidationswerten (IDW RS HFA 17) oder Versagung des Prüfungsurteils zum Abschluss (28)
- **Nein** (zu ausreichenden Prüfungsnachweisen) → Erklärung der Nichtabgabe eines Prüfungsurteils zum Abschluss und – falls einschlägig – zum Lagebericht

IDW PS 300 n. F.
IDW Prüfungsstandard: Prüfungsnachweise im Rahmen der Abschlussprüfung

Zusammenfassung:

Das Ziel des Abschlussprüfers besteht darin, Prüfungshandlungen so zu planen und durchzuführen, dass er in der Lage ist, ausreichende und angemessene Prüfungsnachweise zu erlangen, um begründete Schlussfolgerungen zur Bildung des Prüfungsurteils zu ziehen. Prüfungsnachweise werden hauptsächlich aus im Laufe der Abschlussprüfung durchgeführten Prüfungshandlungen erlangt. Prüfungsnachweise umfassen sowohl Informationen, welche die Aussagen des Managements stützen und untermauern, als auch Informationen, die im Widerspruch zu diesen Aussagen stehen. In manchen Fällen ist zudem das Fehlen von Informationen (z.B. die Weigerung des Managements, eine verlangte Erklärung abzugeben) für die Abschlussprüfung relevant und stellt daher ebenfalls einen Prüfungsnachweis dar.

Prüfungshandlungen zum Erlangen von Prüfungsnachweisen können neben einer Befragung eine Einsichtnahme bzw. Inaugenscheinnahme, eine Beobachtung, eine Bestätigung, ein Nachrechnen, ein Nachvollziehen und analytische Prüfungshandlungen – oft in Kombination – umfassen.

Der Abschlussprüfer muss Prüfungshandlungen planen und durchführen, um Rechtsstreitigkeiten und Ansprüche zu identifizieren, welche das Unternehmen betreffen bzw. gegenüber diesem geltend gemacht werden und ein Risiko wesentlicher falscher Angaben zur Folge haben können. Zusätzlich muss der Abschlussprüfer das Management und – soweit angemessen – das Aufsichtsorgan auffordern, schriftliche Erklärungen darüber abzugeben, dass alle bekannten tatsächlichen oder möglichen Rechtsstreitigkeiten und Ansprüche, deren Auswirkungen bei der Aufstellung des Abschlusses zu berücksichtigen sind, dem Abschlussprüfer mitgeteilt und in Übereinstimmung mit den maßgebenden Rechnungslegungsgrundsätzen bilanziert und angegeben wurden.

ISA:

ISA 500 „Audit Evidence"
ISA 501 „Audit Evidence – Specific Considerations for Selected Items"

Verweise:
– *IDW PS 302 n. F.:* Einholung von Rechtsanwaltsbestätigungen
– *IDW PS 303 n. F.:* Erklärungen der gesetzlichen Vertreter gegenüber dem Abschlussprüfer

IDW PS 300 n.F.: Prüfungsnachweise im Rahmen der Abschlussprüfung

Zielsetzung des Abschlussprüfers (5)

Prüfungshandlungen sind so zu planen und durchzuführen, dass der Abschlussprüfer in der Lage ist, ausreichende und angemessene Prüfungsnachweise zu erlangen, um begründete Schlussfolgerungen zur Bildung des Prüfungsurteils zu ziehen

Ausreichende und angemessene Prüfungsnachweise (7)

Prüfungshandlungen sind so zu planen und durchzuführen, dass unter den Umständen des Einzelfalls ausreichende und angemessene Prüfungsnachweise erlangt werden

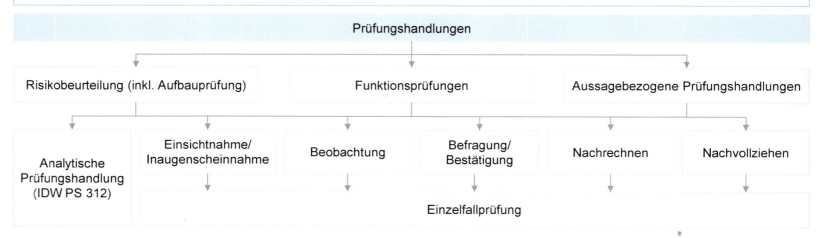

Informationen, die als Prüfungsnachweise verwendet werden (8 ff.)

Grundsatz	Bei der Planung und Durchführung der Prüfungshandlungen sind Relevanz und Verlässlichkeit der Informationen zu berücksichtigen, die als Prüfungsnachweise verwendet werden
Sachverständiger der gesetzlichen Vertreter	Bei der Verwendung von Prüfungsnachweisen eines Sachverständigen der gesetzlichen Vertreter sind unter Berücksichtigung der Bedeutung der Tätigkeit des Sachverständigen für die Ziele des Abschlussprüfers die folgenden Punkte zu beachten: » Kompetenz, Fähigkeiten und Objektivität des Sachverständigen beurteilen, » Verständnis von der Tätigkeit des Sachverständigen gewinnen und » Eignung der Tätigkeit des Sachverständigen als Prüfungsnachweis für die relevante Aussage beurteilen.
Informationen vom Unternehmen	Beurteilung, ob die vom Unternehmen erstellten Informationen für die Ziele des Abschlussprüfers ausreichend verlässlich sind. Dazu sind ggf. die folgenden Prüfungshandlungen durchzuführen: » Erlangung von Prüfungsnachweisen über die Richtigkeit und Vollständigkeit der Informationen und » Beurteilung, ob die Informationen für die Ziele des Abschlussprüfers ausreichend genau und detailliert sind.

Auswahl der zu prüfenden Elemente (11)

Planung von Funktions- und Einzelfallprüfungen	→ Festlegung von wirksamen Verfahren zur Auswahl der jeweils zu prüfenden Elemente, die dem Ziel der Prüfungshandlung gerecht werden

Unstimmigkeiten von Prüfungsnachweisen oder Zweifel an deren Verlässlichkeit (12)

Prüfungsnachweise aus verschiedenen Quellen stehen nicht miteinander in Einklang Abschlussprüfer hat Zweifel an der Verlässlichkeit der Prüfungsnachweise	» Festlegung, welche Anpassungen oder Ergänzungen der Prüfungshandlungen notwendig sind, um den Sachverhalt zu klären, und » Würdigung der etwaigen Auswirkungen des Sachverhalts auf andere Aspekte der Prüfung

Rechtsstreitigkeiten (13 f.)

Grundsatz

Planung und Durchführung von Prüfungshandlungen, um Rechtsstreitigkeiten und Ansprüche zu identifizieren, welche das Unternehmen betreffen bzw. gegenüber diesem geltend gemacht werden und ein Risiko wesentlicher falscher Angaben zur Folge haben können. Zu diesen Prüfungshandlungen gehören:

- » Befragungen des Managements und ggf. anderer Personen innerhalb des Unternehmens, einschließlich hausinterner Rechtsberater
- » Durchsicht der Protokolle von Sitzungen der Geschäftsleitung und des Aufsichtsorgans sowie des Schriftverkehrs zwischen dem Unternehmen und seinen externen Rechtsberatern
- » Durchsicht von Aufwandskonten für Rechtsberatung sowie
- » Einholung von Rechtsanwaltsbestätigungen, sofern dies nach IDW PS 302 n.F. erforderlich ist

Schriftliche Erklärungen

Aufforderung des Managements und – soweit angemessen – des Aufsichtsorgans, schriftliche Erklärungen darüber abzugeben, dass alle bekannten tatsächlichen oder möglichen Rechtsstreitigkeiten und Ansprüche, deren Auswirkungen bei der Aufstellung des Abschlusses zu berücksichtigen sind, dem Abschlussprüfer mitgeteilt und in Übereinstimmung mit den maßgebenden Rechnungslegungsgrundsätzen bilanziert und angegeben wurden (vgl. IDW PS 303 n.F.)

Segmentinformationen (15)

Erlangung ausreichender geeigneter Prüfungsnachweise zur Angabe und Darstellung von Segmentinformationen in Übereinstimmung mit den maßgebenden Rechnungslegungsgrundsätzen

- Gewinnung eines Verständnisses der vom Management bei der Bestimmung der Segmentinformationen angewandten Methoden und
  - » Beurteilung, ob diese Methoden voraussichtlich zu Angaben führen, die mit den maßgebenden Rechnungslegungsgrundsätzen übereinstimmen, sowie
  - » Prüfung der Anwendung dieser Methoden (soweit erforderlich)
- Durchführung von analytischen oder anderen Prüfungshandlungen, die unter den gegebenen Umständen angemessen sind

Beurteilung von Aussagen der Rechnungslegung auf mögliche falsche Angaben (Anlage)

Arten von Geschäftsvorfällen und Ereignissen innerhalb des Prüfungszeitraums

- » Eintritt eines Geschäftsvorfalls oder Ereignisses
- » Vollständigkeit
- » Genauigkeit
- » Periodenabgrenzung
- » Kontenzuordnung

Kontensalden am Periodenende

- » Vorhandensein
- » Zurechnung
- » Vollständigkeit
- » Bewertung und Zuordnung

Abschlussinformationen

- » Eintritt eines Geschäftsvorfalls oder Ereignisses
- » Rechte und Verpflichtungen
- » Vollständigkeit
- » Ausweis und Verständlichkeit
- » Genauigkeit und Bewertung

IDW PS 301
IDW Prüfungsstandard: Prüfung der Vorratsinventur

Zusammenfassung:
Die Inventur des Vorratsvermögens ist Grundlage für die Aufstellung des Jahresabschlusses. Sie dient in Form der Stichtagsinventur unmittelbar der Aufstellung des Inventars oder in Form der permanenten Inventur zur Feststellung der Verlässlichkeit der Lagerbuchführung, um aus dieser das Inventar abzuleiten. Die für die Inventur eingerichteten Verfahren müssen den Grundsätzen ordnungsmäßiger Buchführung entsprechen.

Sind die Vorräte von wesentlicher Bedeutung für den Jahresabschluss, muss der Abschlussprüfer – soweit durchführbar – die körperliche Bestandsaufnahme beobachten, um auf diesem Wege ausreichende und angemessene Prüfungsnachweise insbesondere über das Vorhandensein, die Vollständigkeit und die Beschaffenheit der Vorräte zu erlangen. Dabei hat sich der Abschlussprüfer von der ordnungsgemäßen Handhabung der Inventurverfahren zu überzeugen. Der Abschlussprüfer hat in diesem Zusammenhang das interne Kontrollsystem auf Angemessenheit (Aufbauprüfung) und Wirksamkeit (Funktionsprüfung) zu prüfen sowie aussagebezogene Prüfungshandlungen durchzuführen.

ISA:
ISA 501 „Audit Evidence – Specific Considerations for Selected Items"

Verweise:
- *IDW PS 400:* Grundsätze für die ordnungsmäßige Erteilung von Bestätigungsvermerken bei Abschlussprüfungen
- *IDW PS 450:* Grundsätze ordnungsmäßiger Berichterstattung bei Abschlussprüfungen
- *IDW St/HFA 1/1990:* Zur körperlichen Bestandsaufnahme im Rahmen von Inventurverfahren
- *IDW PS 261 n. F.:* Feststellung und Beurteilung von Fehlerrisiken und Reaktionen des Abschlussprüfers auf die beurteilten Fehlerrisiken
- *IDW St/HFA 1/1988:* Ersetzt durch *IDW PS 310:* Repräsentative Auswahlverfahren (Stichproben) in der Abschlussprüfung
- *IDW PS 300 n. F.:* Prüfungsnachweise im Rahmen der Abschlussprüfung

IDW PS 301: Prüfung der Vorratsinventur

Pflichten der gesetzlichen Vertreter und des Abschlussprüfers (5 ff.)

Gesetzliche Vertreter	» Verantwortlich für die jährliche Durchführung einer Inventur des Vorratsvermögens (Ausnahme: Befreiung § 241a HGB) » Inventurverfahren muss den GoB entsprechen
Abschlussprüfer	» Beobachtung der Inventur, wenn die Vorräte von wesentlicher Bedeutung für den Jahresabschluss sind » Prüfung des vorratsbezogenen IKS und Durchführung von aussagebezogenen Prüfungshandlungen

Bestimmung von Art, Umfang und Zeitraum der Prüfungshandlungen (8 f.)

Kriterien:
- » Art und Wert der Vorräte
- » Art des vorratsbezogenen IKS
- » Inhärentes Risiko, Kontroll- und Entdeckungsrisiko sowie Wesentlichkeit der Vorräte
- » Art der angewandten Inventurverfahren
- » Erwartungen zur Angemessenheit und Wirksamkeit der Inventurverfahren
- » Zeitlicher Ablauf der Inventur
- » Lagerort der Vorräte
- » Notwendigkeit der Hinzuziehung von Sachverständigen
- » Ergebnisse früherer Inventurprüfungen

Umfang abhängig von beurteiltem Fehlerrisiko und Wesentlichkeit der Vorräte

Durchführung der Inventurprüfung (11 ff.)

Prüfung des vorratsbezogenen internen Kontrollsystems (13 ff.)

Aufbauprüfung: Angemessenheit	Funktionsprüfung: Wirksamkeit
Ziel: Prüfung der Einhaltung der Inventurgrundsätze, d.h. Vollständigkeit, Richtigkeit und Nachprüfbarkeit der Bestandsaufnahme; Einzelerfassung der Bestände » Würdigung der Inventurrichtlinien » Sachgerechte Umsetzung der Inventurrichtlinien » Beobachtung der körperlichen Bestandsaufnahmen und Durchführung eigener Bestandsaufnahmen	

Aussagebezogene Prüfungshandlungen (18 f.)

Analytische PH	Einzelfallprüfungen
IDW Prüfungsstandard: Analytische Prüfungshandlungen (IDW PS 312)	» Inaugenscheinnahme der Ist-Bestände und Nachprüfung des Ergebnisses der körperlichen Bestandsaufnahme » Prüfung der endgültigen Bestandslisten

Angemessene Dokumentation der Prüfungshandlungen (33 ff.)

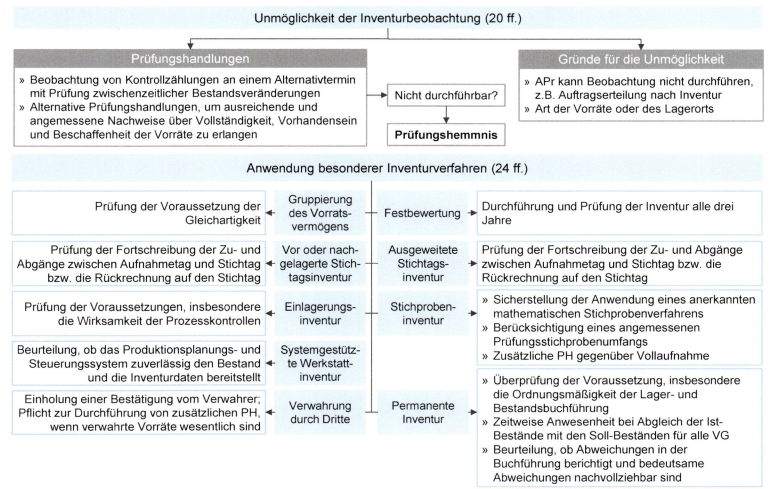

IDW PS 302 n. F.
IDW Prüfungsstandard: Bestätigungen Dritter

Zusammenfassung:

Der Abschlussprüfer hat abzuwägen, ob Bestätigungen Dritter als aussagebezogene Prüfungshandlungen einzuholen sind. Dabei ist zwischen positiven und negativen Bestätigungsanfragen zu unterscheiden, die einzeln oder kombiniert angewendet werden können. Bei der Einholung von Bestätigungen Dritter muss der Abschlussprüfer die Kontrolle über das Bestätigungsverfahren bewahren. Dies schließt Folgendes ein:

a) Festlegung der einzuholenden Informationen
b) Auswahl eines geeigneten Dritten
c) Ausgestaltung der Bestätigungsanfragen; dies umfasst auch die richtige Adressierung und die Aufforderung, die Antwort auf die Bestätigungsanfrage unmittelbar an den Abschlussprüfer zurückzusenden
d) Versendung der Anfragen sowie eventueller Folgeanfragen

Dabei liefern negative Bestätigungsanfragen weniger überzeugende Prüfungsnachweise als positive Bestätigungsanfragen, weshalb sie auch nur unter bestimmten Voraussetzungen eingesetzt werden dürfen.

Besonderheiten bestehen bei den Bestätigungen für von Dritten verwahrte Vorräte, Bankbestätigungen und Rechtsanwaltsbestätigungen.

ISA:

ISA 505 „External Confirmations"
ISA 501 „Audit Evidence – Specific Considerations for Selected Items"

Verweise:

- *IDW PS 400:* Grundsätze für die ordnungsmäßige Erteilung von Bestätigungsvermerken bei Abschlussprüfungen
- *IDW PS 450:* Grundsätze ordnungsmäßiger Berichterstattung bei Abschlussprüfungen
- *IDW PS 300 n. F.:* Prüfungsnachweise im Rahmen der Abschlussprüfung
- *IDW PS 470:* Kommunikation mit dem Aufsichtsorgan, wenn sich die gesetzlichen Vertreter weigern, dem Abschlussprüfer die Versendung einer Bestätigungsanfrage zu gestatten, und es dafür keine stichhaltigen und vertretbaren Gründe gibt.
- *IDW PS 250 n. F.:* Wesentlichkeit im Rahmen der Abschlussprüfung
- *IDW PS 261 n. F.:* Feststellung und Beurteilung von Fehlerrisiken und Reaktionen des Abschlussprüfers auf die beurteilten Fehlerrisiken

IDW PS 302 n.F.: Bestätigungen Dritter

Planung und Durchführung von Verfahren zur Einholung Bestätigungen Dritter (7 ff.)

Abschlussprüfer muss abwägen, ob Bestätigungen Dritter als aussagenbezogene Prüfungshandlungen einzuholen sind. Dabei wird er insbesondere berücksichtigen (7; A1):
» Beurteilung der Fehlerrisiken für die Rechnungslegung insgesamt und für einzelne Aussagen in der Rechnungslegung
» Möglichkeit der Einholung von ausreichenden und angemessenen Prüfungsnachweisen über alternative Prüfungshandlungen

Positive Bestätigungsanfrage (9)

» Dritter teilt mit, ob er den Informationen in der Anfrage zustimmt oder nicht (geschlossene Anfrage)
» Dritter teilt die angeforderten Informationen mit (offene Anfrage)

Negative Bestätigungsanfrage (9)

Dritter antwortet nur, wenn dieser den in der Anfrage enthaltenen Informationen nicht zustimmt
→ kumulativ zu erfüllende Voraussetzungen:
» Fehlerrisiko gering
» Geeignete Prüfungsnachweise zur Wirksamkeit der relevanten Kontrollen
» Grundgesamtheit umfasst große Anzahl von kleinen, homogenen Kontensalden oder Geschäftsvorfällen
» Wenige Abweichungen erwartet
» Annahme: Dritter wird die Bestätigungsanfrage nicht unbeachtet lassen

Abschlussprüfer muss Kontrolle über das Bestätigungsverfahren bewahren (8; A6 ff.):

» Festlegung der einzuholenden Informationen
» Auswahl eines geeigneten Dritten
» Angemessene Ausgestaltung der Bestätigungsanfrage, insb. Rücksendung an APr
» Versendung der Anfragen sowie eventuelle Folgeanfragen

Fehlende Erlaubnis der gesetzlichen Vertreter zur Versendung von Anfragen (11 ff.)

Erfragung der Gründe für die Verweigerung und Einholung von Prüfungsnachweisen zu deren Stichhaltigkeit und Vertretbarkeit

Keine stichhaltigen und vertretbaren Gründe?
» Kommunikation mit Aufsichtsorgan
» Im PrB über Verstoß gegen Mitwirkungspflicht berichten (§ 320 Abs. 2 HGB)

Einschätzung der Auswirkungen auf
» die Beurteilung der damit zusammenhängenden Fehlerrisiken
» Art, Zeitpunkt und Umfang anderer Prüfungshandlungen

Keine alternativen PH möglich?
» Kommunikation mit Aufsichtsorgan
» Über Auswirkungen auf Prüfungsdurchführung und -urteil entscheiden

Alternative Prüfungshandlungen durchführen

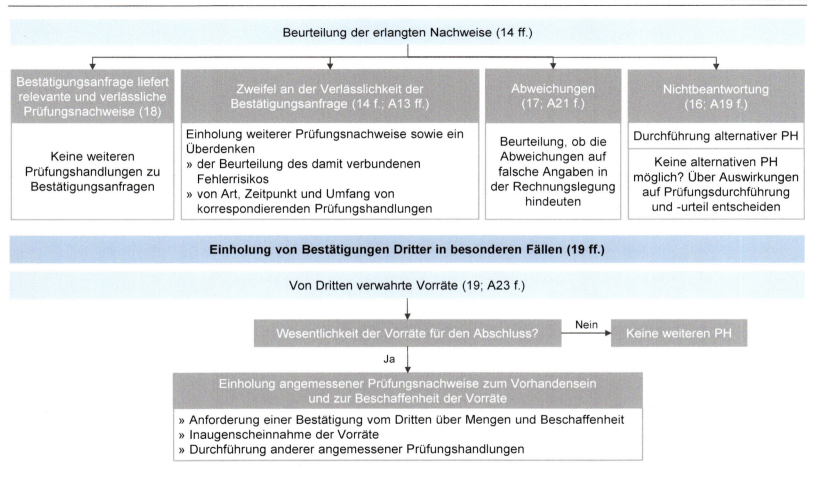

Bankbestätigungen (20 ff.; A25 ff.)

Zu erfragende Informationen (21)

- » Konten und deren Kontostand
- » Kreditlinien
- » Sicherheiten
- » Avale, Gewährleistungen, Indossamentverpflichtungen
- » Geschäfte über Finanzderivate
- » Unterschriftsberechtigungen

Besonderheiten (22, 24)

1. Kreditinstitut übermittelt Bestätigung ohne vorherige Anfrage
   - » Abschlussprüfer muss sicherstellen, dass er eine Kontrolle über das Bestätigungsverfahren bewahrt (8)
   - » Bestätigung muss alle zu erfragenden Informationen enthalten (21)
2. Teilbereichsprüfer unterliegt nicht den IDW Standards (z.B. wenn Teilbereich im Ausland)
   - » Konzernprüfungsteam muss entscheiden, ob Teilbereichsprüfer Bankbestätigung einholen muss oder ob alternative Prüfungshandlungen ausreichen

Ausnahme: Keine Einholung von Bankbestätigungen nur unter folgenden Bedingungen (23)

- » Keine bedeutsamen Risiken in Bezug auf die vollständige und richtige Darstellung der Geschäftsbeziehung zu Kreditinstituten in der Rechnungslegung
- » Einholung ist unpraktikabel und unwirtschaftlich (gemessen an der erzielbaren Prüfungssicherheit)
- » Relevante interne Kontrollen sind wirksam

Rechtsanwaltsbestätigungen (25 f.; A33 ff.)

Voraussetzung zur Einholung:
- » Fehlerrisiko im Zusammenhang mit Rechtsstreitigkeiten oder Ansprüchen festgestellt
- » Bisherige Prüfungshandlungen deuten auf wesentliche Rechtsstreitigkeiten oder Ansprüche gegen das Unternehmen hin

Besonderheit: Kommunikation mit externen Rechtsberatern

Kommunikation nicht möglich aufgrund » fehlender Erlaubnis des Unternehmens » Weigerung des Rechtsberaters		Keine ausreichenden und angemessenen Prüfungsnachweise durch alternative PH		**Einschränkung/Versagung des BestV**

IDW PS 303 n. F.
IDW Prüfungsstandard: Erklärungen der gesetzlichen Vertreter gegenüber dem Abschlussprüfer

Zusammenfassung:

Der Abschlussprüfer hat im Rahmen der Abschlussprüfung geeignete Erklärungen der gesetzlichen Vertreter als Prüfungsnachweise einzuholen. Die Erklärungen sind von denjenigen gesetzlichen Vertretern einzuholen, welche die Verantwortung für den Abschluss und den Lagebericht haben sowie über die Kenntnisse der betreffenden Sachverhalte verfügen.

Erklärungen der gesetzlichen Vertreter können in verschiedener Form erfolgen: Neben mündlichen und schriftlichen Erklärungen kommen auch schriftliche Bestätigungen der vom Abschlussprüfer zusammengefassten mündlichen Erklärungen der gesetzlichen Vertreter, Sitzungsprotokolle der Unternehmensorgane, eine von den gesetzlichen Vertretern unterschriebene Fassung des Jahres-, Konzern- bzw. Zwischenabschlusses und die Vollständigkeitserklärung als Prüfungsnachweise in Betracht.

Der Abschlussprüfer hat einen schriftlichen Nachweis darüber einzuholen, dass die gesetzlichen Vertreter ihrer Verantwortung für die Aufstellung des Abschlusses und des Lageberichts in Übereinstimmung mit den maßgebenden Rechnungslegungsgrundsätzen einschließlich der während der Abschlussprüfung noch vorzunehmenden Veränderungen nachgekommen sind. Die Verantwortung der gesetzlichen Vertreter kann durch ein unterschriebenes Exemplar des aufgestellten Abschlusses dokumentiert werden.

Daneben hat der Abschlussprüfer von dem geprüften Unternehmen eine Vollständigkeitserklärung einzuholen. Die Vollständigkeitserklärung ist eine umfassende Versicherung der gesetzlichen Vertreter des geprüften Unternehmens über die Vollständigkeit der erteilten Aufklärungen und Nachweise. Sie ist an den Abschlussprüfer zu adressieren, zu datieren und zu unterzeichnen.

Über die in diesem *IDW Prüfungsstandard* festgelegten Fälle hinaus ist das Einholen schriftlicher Erklärungen in das pflichtgemäße Ermessen des Abschlussprüfers gestellt. Es kann sich beispielsweise anbieten, sofern als Prüfungsnachweise zu einzelnen Sachverhalten nur mündliche Erklärungen der gesetzlichen Vertreter vorliegen, Missverständnissen vorzubeugen, indem die mündlich gegenüber dem Abschlussprüfer gegebenen Erklärungen schriftlich von den gesetzlichen Vertretern bestätigt werden.

ISA:

ISA 580 „Written Representations"

Verweise:
- *IDW PS 400:* Grundsätze für die ordnungsmäßige Erteilung von Bestätigungsvermerken bei Abschlussprüfungen
- *IDW PS 450:* Grundsätze ordnungsmäßiger Berichterstattung bei Abschlussprüfungen
- *IDW PS 203 n. F.:* Ereignisse nach dem Abschlussstichtag
- *IDW PS 300 n. F.:* Prüfungsnachweise im Rahmen der Abschlussprüfung
- *IDW PS 250 n. F.:* Wesentlichkeit im Rahmen der Abschlussprüfung

IDW PS 303 n.F.: Erklärungen der gesetzlichen Vertreter gegenüber dem Abschlussprüfer

Pflichten

Abschlussprüfer (8 ff.)	Gesetzliche Vertreter (11 f.)
Einholung von geeigneten Erklärungen der gesetzlichen Vertreter mit Verantwortung für JA und LB; dies können mündliche und schriftliche Erklärungen sowie sonstige Unterlagen (u.a. unterschriebener JA, Vollständigkeitserklärung) sein	Übernahme der Gesamtverantwortung für die Buchführung und die Aufstellung von JA und LB in Übereinstimmung mit den maßgebenden Rechnungslegungsgrundsätzen inklusive möglicher Anpassungen während der Prüfung

Prüfungsnachweise zu einzelnen Sachverhalten

Einholung von Erklärungen der gesetzlichen Vertreter und ggf. Aufsichtsorgane durch den Abschlussprüfer

Pflicht zur Einholung (13)	Prüferisches Ermessen zur Einholung (15 ff.)	Weigerung der gesetzlichen Vertreter zur Abgabe einer schriftlichen Erklärung (21)
Einige IDW Prüfungsstandards verlangen die Einholung von schriftlichen Erklärungen (IDW PS 314 n.F., IDW PS 255, IDW PS 210, IDW PS 270)	Pflicht zur Einholung, wenn Sachverhalt einzeln (oder mit weiteren Sachverhalten gemeinsam) für die Rechnungslegung **wesentlich** ist	» Neubeurteilung der Integrität der gV » Verlässlichkeit anderer Erklärungen der gV überdenken » Hinweis im Prüfungsbericht auf die Weigerung » Beurteilung der Auswirkungen auf das Prüfungsurteil

IDW PS 303 n.F.

Prüfungsnachweise zu einzelnen Sachverhalten

Prüfungshandlungen bei der Einholung von Erklärungen

- Nach bestätigenden Prüfungsnachweisen aus unternehmensinternen/-externen Quellen suchen
- Beurteilung der Plausibilität der abgegebenen Erklärungen und Vereinbarkeit mit anderen Nachweisen
- Abwägen, ob die auskunftsgebenden Personen über die jeweiligen Sachverhalte gut informiert sind

Erklärung als Prüfungsnachweis

Erklärung als Ersatz für einen normalerweise verfügbaren Prüfungsnachweis	Erklärung ist einziger normalerweise zu erwartender Prüfungsnachweis
↓	↓
Prüfungshemmnis	Keine Auswirkung auf das Prüfungsurteil

Bedenken bzgl. Kompetenz, Integrität oder Sorgfalt der gV

Beurteilung der Auswirkungen auf die Verlässlichkeit der erhaltenen Erklärungen und Prüfungsnachweise

- **Ja** → Ggf. die Verlässlichkeit von anderen Erklärungen der gV nochmals überprüfen

Erklärung im Widerspruch zu anderen Prüfungsnachweisen

Widerspruch kann aufgeklärt werden

- **Nein** →
  » Beurteilung der Auswirkungen auf die Verlässlichkeit der erhaltenen Erklärungen und Prüfungsnachweise
  » Beurteilung der Auswirkungen auf das Prüfungsurteil

Vollständigkeitserklärung

Inhalte der Vollständigkeitserklärung der gV (23 ff.)

Vollständigkeitserklärung

» Umfassende Versicherung der gV zur Vollständigkeit der erteilten Aufklärungen und Nachweise
» Adressierung an den Abschlussprüfer
» Datierung und Unterzeichnung von denjenigen gV in vertretungsberechtigter Anzahl, die die Verantwortung für den JA und LB haben

Aufstellung nicht korrigierter Prüfungsdifferenzen

» Aufstellung über die während der Prüfung aufgedeckten, aber nicht korrigierten Prüfungsdifferenzen, die einzeln oder insgesamt unwesentlich sind
» Erklärung der gV, dass Auswirkungen der nicht korrigierten Prüfungsdifferenzen (JA) und nicht korrigierten Angaben (LB) einzeln und insgesamt unwesentlich sind

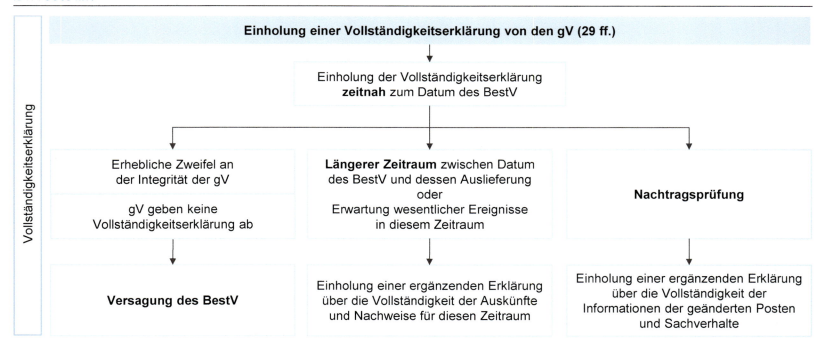

IDW PS 310
IDW Prüfungsstandard: Repräsentative Auswahlverfahren (Stichproben) in der Abschlussprüfung

Zusammenfassung:
Abschlussprüfer entscheiden im Rahmen ihres pflichtgemäßen Ermessens, ob eine Grundgesamtheit vollständig oder auf Basis einer Auswahl von einzelnen Elementen geprüft wird. Bei der Auswahl von einzelnen Elementen kann der Wirtschaftsprüfer entweder anhand geeigneter Kriterien eine bewusste Auswahl vornehmen oder eine repräsentative Auswahl treffen. Letztere wird für Zwecke dieses *IDW Prüfungsstandards* als Stichprobe bezeichnet. *IDW PS 310* behandelt die Anwendung statistischer und nichtstatistischer Stichprobenverfahren durch den Abschlussprüfer bei der Konzeption und Auswahl der Stichprobe, die Durchführung von Funktions- und Einzelfallprüfungen sowie die Auswertung der Stichprobenergebnisse.

Dieser *IDW Prüfungsstandard* ergänzt *IDW PS 300 n. F.*, der die Pflicht des Abschlussprüfers behandelt, Prüfungshandlungen zur Erlangung ausreichender und angemessener Prüfungsnachweise zu planen und durchzuführen, um begründete Schlussfolgerungen (Prüfungsfeststellungen) zur Bildung des Prüfungsurteils zu ziehen. *IDW PS 300 n. F.* benennt die Verfahren, die dem Abschlussprüfer zur Auswahl der zu prüfenden Elemente zur Verfügung stehen. Bei der Auswahl von Elementen in einem Prüffeld bzw. aus einer Grundgesamtheit kommen die Vollerhebung, die bewusste Auswahl sowie die Verwendung einer Stichprobe in Betracht.

ISA:
ISA 530 „Audit Sampling"

Verweise:
– *IDW PS 300 n. F.:* Prüfungsnachweise im Rahmen der Abschlussprüfung

IDW PS 310

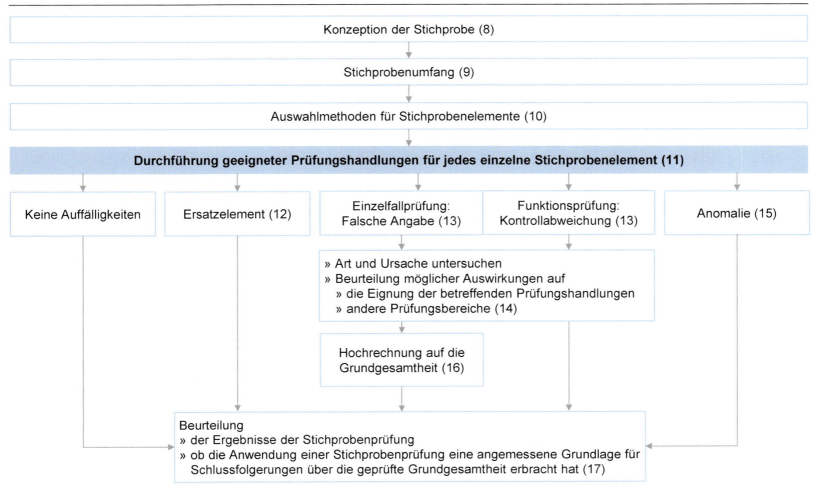

IDW PS 312
IDW Prüfungsstandard: Analytische Prüfungshandlungen

Zusammenfassung:

Analytische Prüfungshandlungen sind Plausibilitätsbeurteilungen von Verhältniszahlen und Trends, durch die Beziehungen von prüfungsrelevanten Daten eines Unternehmens zu anderen Daten aufgezeigt sowie auffällige Abweichungen festgestellt werden. Die Anwendung analytischer Prüfungshandlungen beruht auf der Erwartung, dass Zusammenhänge zwischen bestimmten Informationen und Daten vorhanden sind und fortbestehen. Bei der Durchführung analytischer Prüfungshandlungen können verschiedene Methoden angewandt werden, die von einfachen Vergleichen bis hin zu komplexen Analysen mittels mathematisch-statistischer Verfahren reichen. Die Auswahl der anzuwendenden Methode liegt im pflichtgemäßen Ermessen des Abschlussprüfers. Analytische Prüfungshandlungen spielen für die Wirtschaftlichkeit, aber auch für die Effektivität einer Abschlussprüfung eine bedeutende Rolle, da durch sie die aussagebezogenen Einzelfallprüfungen und damit der Prüfungsumfang insgesamt zur Gewinnung eines hinreichend sicheren Prüfungsurteils reduziert werden.

Der Abschlussprüfer hat analytische Prüfungshandlungen sowohl bei der Prüfungsplanung und der Prüfungsdurchführung als auch als abschließende Gesamtdurchsicht vor Beendigung der Prüfung vorzunehmen.

Besonderheiten ergeben sich bei der Verlässlichkeit analytischer Prüfungshandlungen. So kann der Abschlussprüfer den Grad der Verlässlichkeit der Ergebnisse von analytischen Prüfungshandlungen z.B. anhand der Vornahme anderer Prüfungshandlungen im Hinblick auf dasselbe Prüfungsziel überprüfen. Verwendet der Abschlussprüfer bei der Durchführung von analytischen Prüfungshandlungen Informationen, deren Entstehen unternehmensinternen Kontrollmaßnahmen unterlegen hat, muss sich der Abschlussprüfer von der Wirksamkeit derartiger Kontrollmaßnahmen überzeugen. Andernfalls muss er anstelle von analytischen Prüfungshandlungen Einzelfallprüfungen durchführen.

ISA:

ISA 520 „Analytical Procedures"

Verweise:
- *IDW PS 230:* Grundsätze der Planung von Abschlussprüfungen
- *IDW PS 240:* Kenntnisse über die Geschäftstätigkeit sowie das wirtschaftliche und rechtliche Umfeld des zu prüfenden Unternehmens im Rahmen der Abschlussprüfung
- *IDW PS 300 n. F.:* Analytische Prüfungshandlungen als Prüfungsnachweise im Rahmen der Abschlussprüfung

IDW PS 312: Analytische Prüfungshandlungen

Gegenstand und Umfang

Gegenstand analytischer Prüfungshandlungen (5 ff.)

Analytische Prüfungshandlungen = Plausibilitätsbeurteilungen von Verhältniszahlen und Trends, durch die Beziehungen von prüfungsrelevanten Daten eines Unternehmens zu anderen Daten aufgezeigt und auffällige Abweichungen festgestellt werden

Beispiele

Vergleiche zu beurteilender Daten mit:
- Informationen aus Vorjahren
- vom Unternehmen erwarteten Ergebnissen
- Erwartungen des APr über die Fortentwicklung im Unternehmen
- branchenspezifischen Kennzahlen

Zusammenhänge zwischen:
- finanziellen Informationen, die nach Erfahrungen des Unternehmens einem vorhersehbaren Muster entsprechen (z.B. Bruttogewinnspannen)
- finanziellen und wichtigen nicht-finanziellen Informationen (z.B. Verhältnis von Lohn-/Gehaltskosten zur Anzahl der Arbeitnehmer)

Umfang analytischer Prüfungshandlungen (10 ff.)

- Anwendung in der Prüfungsplanung, Prüfungsdurchführung und als abschließende Gesamtdurchsicht vor Beendigung der Prüfung (16)
- Reduzierung des Umfangs aussagebezogener Einzelfallprüfungen
- Setzt grundsätzlich eine stetige Bilanzierung des Unternehmens voraus (u.a. Kenntnisse über die Ausübung von Wahlrechten)
- Einsatz in Abhängigkeit von der Wesentlichkeit, dem Grad der Korrelation unterstellter Zusammenhänge sowie der Zuverlässigkeit des zugrunde gelegten Datenmaterials in unterschiedlichem Umfang zur Erreichung einer abschließenden Prüfungsaussage

Mögliche Fallgestaltungen zur Erreichung einer abschließenden Prüfungsaussage

Analytische Prüfungshandlungen	Kombination von analytischen Prüfungshandlungen und Einzelfallprüfungen	Einzelfallprüfungen
Adressiert nicht-bedeutsame Risiken wesentlicher falscher Angaben	Adressiert bedeutsame und nicht-bedeutsame Risiken wesentlicher falscher Angaben	

IDW PS 312

Prüfungsplanung (17 ff.)	
Ziel	**Inhalte**
Feststellung potenzieller Risikobereiche (bzw. Mängel) des Prüfungsgegenstandes	» Vertiefung der Kenntnisse über die Geschäftstätigkeit und das wirtschaftliche und rechtliche Umfeld » Hinweise auf Besonderheiten im zu untersuchenden Prüffeld erlangen → ggf. Prüfungsprogramm anpassen » Datenmaterial besteht aus finanziellen und nicht-finanziellen Informationen

Prüfungsdurchführung (20 ff.)	
Ziel	**Inhalte**
Erlangung von ausreichenden und angemessenen Prüfungsnachweisen	» Art, Zeitpunkt und Umfang der analytischen Prüfungshandlungen legt der Abschlussprüfer auf Grundlage seiner Prüfungsplanung fest » Die folgenden Faktoren sind beim Einsatz analytischer Prüfungshandlungen zu berücksichtigen:

Ziele der analytischen Prüfungshandlungen und Verlässlichkeit ihrer Ergebnisse	Art des Unternehmens und die Möglichkeit, zusammengefasste Informationen wieder in ihre Bestandteile zu zerlegen	Verfügbarkeit von Informationen aus dem Rechnungswesen und aus anderen Unternehmensbereichen	Zuverlässigkeit der verfügbaren Informationen nach Maßgabe der bei ihrer Erstellung angewandten Sorgfalt sowie ihrer Herkunft	Relevanz und Vergleichbarkeit der verfügbaren Informationen	Erkenntnisse aus der Systemprüfung sowie aus der Prüfungsplanung unter Berücksichtigung von Vorjahresprüfungen

Abschließende Gesamtdurchsicht (23)	
Ziel	**Inhalte**
Überprüfung bzw. Bestätigung der in den einzelnen Teilbereichen des Jahresabschlusses gewonnenen Schlussfolgerungen	» Einsatz unmittelbar vor Beendigung der Prüfung » Bereiche identifizieren, in denen weitergehende Prüfungshandlungen vorzunehmen sind

(Prüfungsplanung / Prüfungsdurchführung / Gesamtdurchsicht)

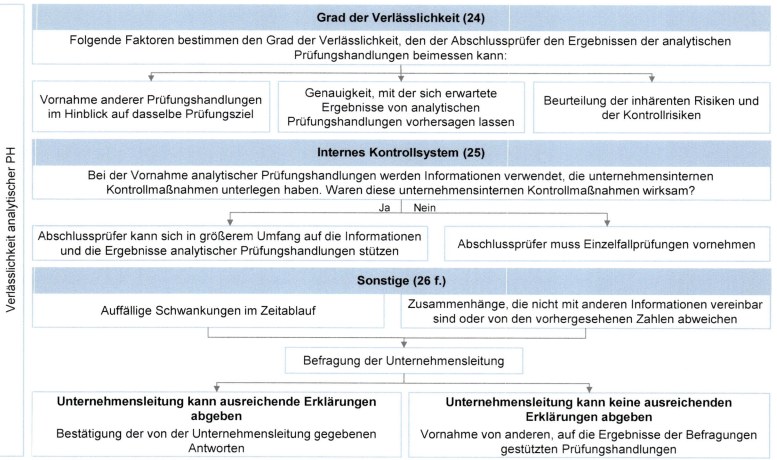

IDW PS 314 n. F.
IDW Prüfungsstandard: Die Prüfung von geschätzten Werten in der Rechnungslegung einschließlich von Zeitwerten

Zusammenfassung:

Geschätzte Werte sind ein notwendiger Bestandteil der in der Verantwortung der gesetzlichen Vertreter liegenden Rechnungslegung (Buchführung, Jahresabschluss und Lagebericht), um sämtliche Geschäftsvorfälle abbilden zu können. Geschätzte Werte sind Näherungswerte, die immer dann Eingang in die Rechnungslegung finden, wenn eine exakte Ermittlung nicht möglich ist. Sie berücksichtigen sowohl vergangene als auch künftig erwartete Entwicklungen.

Zeitwerte sind i.d.R. geschätzte Werte. Insoweit sind an die Prüfung von Zeitwerten dieselben Anforderungen wie an die Prüfung von geschätzten Werten zu stellen. Zeitwerte liegen beispielsweise der Ermittlung von „beizulegenden Zeitwerten" (fair values) nach IFRS sowie von „beizulegenden (Zeit-)Werten" nach HGB zugrunde. Trotz inhaltlicher Unterschiede der Zeitwertbegriffe in den jeweiligen Rechnungslegungsgrundsätzen ist deren Prüfung nach gleichen Grundsätzen durchzuführen.

Der Abschlussprüfer hat ausreichende und angemessene Prüfungsnachweise einzuholen, die belegen, dass die geschätzten Werte in Übereinstimmung mit den zugrunde gelegten Rechnungslegungsgrundsätzen ermittelt und in der Rechnungslegung abgebildet wurden. Dabei beurteilt er im Rahmen des risikoorientierten Prüfungsansatzes die Angemessenheit der erforderlichen organisatorischen Vorkehrungen zur Ermittlung von geschätzten Werten einschließlich der internen Kontrollen (Aufbauprüfung) und ggf. deren Wirksamkeit (Funktionsprüfung). Darüber hinaus muss der Abschlussprüfer zumindest in wesentlichen Prüffeldern aussagebezogene Prüfungshandlungen durchführen.

ISA:

ISA 540 „Auditing Accounting Estimates, Including Fair Value Accounting Estimates, and Related Disclosures"

Verweise:
- *IDW PS 400:* Grundsätze für die ordnungsmäßige Erteilung von Bestätigungsvermerken bei Abschlussprüfungen
- *IDW PS 450:* Grundsätze ordnungsmäßiger Berichterstattung bei Abschlussprüfungen
- *IDW RS HFA 10:* Anwendung der Grundsätze des *IDW S 1* bei der Bewertung von Beteiligungen und sonstigen Unternehmensanteilen für die Zwecke eines handelsrechtlichen Jahresabschlusses
- *IDW RS HFA 38:* Ansatz- und Bewertungsstetigkeit im handelsrechtlichen Jahresabschluss
- *IDW PS 261 n. F.:* Feststellung und Beurteilung von Fehlerrisiken und Reaktionen des Abschlussprüfers auf die beurteilten Fehlerrisiken
- *IDW PS 270:* Die Ermittlung von Zeitwerten wird u.a. beeinflusst durch die Annahmen über die Fortführung der Unternehmenstätigkeit
- *IDW PS 300 n. F.:* Prüfungsnachweise im Rahmen der Abschlussprüfung

IDW PS 314 n.F.: Die Prüfung von geschätzten Werten in der Rechnungslegung einschließlich von Zeitwerten

Grundlagen (10 ff.)

Geschätzte Werte

- ... berücksichtigen vergangene und künftig erwartete Entwicklungen
- ... beinhalten Ermessensentscheidungen und Unsicherheiten
- ... weisen ein erhöhtes Risiko falscher Angaben in der Rechnungslegung auf

Einfache Schätzung (z.B. Urlaubsrückstellungen) → Umfassende Analyse (z.B. Abschreibungen von Vorräten)

Zeitwerte

IFRS: Betrag, zu dem zwischen sachverständigen, vertragswilligen und voneinander unabhängigen Geschäftspartnern („at arm's length") ein Vermögenswert getauscht oder eine Schuld beglichen werden könnte → im Wesentlichen der Einzelveräußerungspreis des Vermögenswerts bzw. der Schuld

HGB: Ermittlung abhängig von der Art des VG
- Wiederbeschaffungswert
- Einzelveräußerungspreis
- Ertragswert

Abgrenzung der Verantwortung der gesetzlichen Vertreter von der des Abschlussprüfers (19 ff.)

Gesetzlicher Vertreter

Verantwortlich für die Ermittlung und Darstellung von geschätzten Werten in der Rechnungslegung

Abschlussprüfer

Muss Prüfungsnachweise einholen, die belegen, dass die geschätzten Werte in Übereinstimmung mit den zugrunde gelegten RL-Grundsätzen ermittelt und in der RL abgebildet wurden

IDW PS 314 n.F.

PH zur Beurteilung von Fehlerrisiken im Zusammenhang mit geschätzten Werten (29 ff.)

Besonderheit Sachverständiger	Beurteilung, ob bei komplexen Schätzprozessen oder speziellen Ermittlungsverfahren besondere Fähigkeiten oder Fachkenntnisse erforderlich und ggf. Sachverständige hinzuzuziehen sind

Prüfungshandlungen bei geschätzten Werten einschließlich Zeitwerten

Erlangen eines Verständnisses der organisatorischen Ausgestaltung des Prozesses zur Ermittlung von geschätzten Werten (31 ff.)

Verständnis über die im Unternehmen eingerichteten Prozesse zur Ermittlung von geschätzten Werten, die zugrunde liegenden Daten und die relevanten Kontrollen erlangen Beurteilung der Fehlerrisiken im Zusammenhang mit geschätzten Werten Planung von Art, Umfang und zeitlicher Einteilung der weiteren Prüfungshandlungen

Prüfungs-handlungen	» Beurteilung, ob wesentliche geschätzte Werte von einer angemessenen Hierarchieebene im Management des Unternehmens überprüft, genehmigt und dokumentiert wurden » Bei der Würdigung der organisatorischen Maßnahmen sind u.a. zu berücksichtigen: Art der Geschäftsvorfälle, Anforderungen der zugrunde liegenden Rechnungslegungsgrundsätze » Beurteilung des Grads der Schätzunsicherheit für einen geschätzten Wert → ggf. bedeutsames Risiko

Beurteilung der Angemessenheit der Bewertungsverfahren im Rahmen der Aufbauprüfung (35 ff.)

Ziel	Beurteilung, ob das Bewertungsverfahren geeignet ist, geschätzte Werte in Übereinstimmung mit den jeweiligen Rechnungslegungsgrundsätzen zu ermitteln
Allgemeine PH	Befragungen des Managements unter Berücksichtigung u.a. der Umsetzung geplanter Maßnahmen in der Vergangenheit, Durchsicht von Planungsunterlagen, Budgets, Sitzungsprotokollen

IDW PS 314 n. F.

Prüfungshandlungen bei geschätzten Werten einschließlich Zeitwerten	**Besondere Prüfungshandlungen**	Absicht zur Verwendung der Bewertungsobjekte sowie die hierfür gegebenen Möglichkeiten des Managements können die Höhe der geschätzten Werte beeinflussen	→ Beurteilung der angemessenen Verwendung (z.B. Zuordnung von Vermögensgegenständen zum AV aufgrund des gemilderten Niederstwertprinzips)
		RL-Grundsätze enthalten Bewertungswahlrechte bzw. keine bestimmte Methode zur Bewertung	→ Beurteilung der Übereinstimmung mit den RL-Grundsätzen und der stetigen Anwendung
		Bedeutende Ermessensspielräume bei der Ermittlung geschätzter Werte	→ Beurteilung auf einseitige Ermittlung der Werte innerhalb der möglichen Bandbreiten
	**Beurteilung der zugrunde liegenden wesentlichen Annahmen und Informationen (40 ff.)**		
	Ziel	Beurteilung, ob die den geschätzten Werten zugrunde liegenden wesentlichen Annahmen fundiert sind. Die Annahmen sind anhand der Kriterien Relevanz, Zuverlässigkeit, Neutralität, Verständlichkeit und Vollständigkeit zu beurteilen.	
	Besonderheiten bei der Prüfung	» Annahmen variieren in Abhängigkeit vom Bewertungsmaßstab und von der Bewertungsmethode » Berücksichtigung von relevanten Annahmen und Einflussfaktoren durch das Management » Sensitivität der Zeitwerte gegenüber der Veränderung bedeutender Annahmen einschließlich solcher künftiger Marktbedingungen, die den Zeitwert beeinflussen können » Die zugrunde liegenden Annahmen müssen eine vernünftige Basis für die Ermittlung von geschätzten Werten darstellen » Annahmen müssen realistisch sein und in Einklang stehen u.a. mit der Lage des Unternehmens und Planungen des Managements » Abstimmung mit den im Rechnungslegungssystem verarbeiteten Daten » Angemessene Analyse der gesammelten Datenbasis	

IDW PS 314 n.F.

Prüfungshandlungen bei geschätzten Werten einschließlich Zeitwerten

	Prüfung der Berechnungsverfahren (52 ff.)
Ziel	Beurteilung, ob die vom Management verwendeten Berechnungsverfahren auch weiterhin als Grundlage für eine Schätzung dienen können
Prüfungshandlungen	» Einbeziehung der Kenntnisse des APr über das Unternehmen und anderer Unternehmen derselben Branche (u.a. finanzielle Ergebnisse des Unternehmens in vorhergehenden Geschäftsjahren, Pläne des Managements) » Beurteilung der mathematischen Richtigkeit und stetigen Anwendung der vom Management angewandten Berechnungsverfahren

Vergleich von geschätzten Werten mit tatsächlichen Ergebnissen (55 f.)

Vergleich der für vorhergehende Geschäftsjahre vorgenommenen Schätzungen mit den tatsächlichen Ergebnissen → Art und Umfang des Vergleichs abhängig von …
- Art der geschätzten Werte
- Der Relevanz der bei dem Vergleich gewonnenen Informationen für die Feststellung und Beurteilung von Fehlerrisiken bei geschätzten Werten des aktuellen Berichtszeitraums

Durchführung von Prüfungshandlungen als Reaktion auf die beurteilten Fehlerrisiken im Zusammenhang mit geschätzten Werten (57 f.)

Funktionsprüfungen (59)

Sind durchzuführen, wenn die Angemessenheit der eingerichteten organisatorischen Vorkehrungen zur Ermittlung von geschätzten Werten festgestellt wurde (Aufbauprüfung) und wenn …

- der APr sich bei einer Aussage in der RL auf deren Wirksamkeit verlassen will

oder

- aussagebezogene PH alleine zur Gewinnung hinreichender Prüfungssicherheit auf Aussageebene nicht ausreichen

Aussagebezogene PH (60 ff.)

PH bei geschätzten Werten einschließlich Zeitwerten

» Beurteilung der zugrunde liegenden wesentlichen Annahmen und Informationen
» Nachvollziehen der vorgelegten Berechnungen des Managements zu den im Abschluss enthaltenen Werten
» Vergleich der vom Management ermittelten Werte mit den Werten aus einer unabhängigen Schätzung
» Prüfung der stetigen Anwendung der Ermittlungsverfahren
» Reaktion auf bedeutsame Risiken
» Beurteilung von Ereignissen nach dem Abschlussstichtag
» Prüfung der Angaben in Anhang und Lagebericht

Einholung einer schriftlichen Erklärung von den gV über bedeutende Annahmen (77 f.)

Abschließende Beurteilung des Abschlussprüfers (79 ff.)

Beurteilung ob die geschätzten Werte ...	... vertretbar sind ... in Übereinstimmung mit den jeweiligen Rechnungslegungsgrundsätzen ermittelt wurden ... im JA unter Berücksichtigung der einschlägigen Bewertungsvorschriften angesetzt wurden

Wertansatz aus Prüfungsnachweisen Wertansatz im Abschluss Keine Änderung, wenn der im Abschluss berücksichtigte Wert innerhalb einer Bandbreite zu akzeptierender Wertansätze liegt

Einseitige Schätzung von Werten	Beurteilung, ob die Schätzung von Werten, die einzeln innerhalb der zu akzeptierenden Bandbreite liegen, insgesamt jeweils in dieselbe Richtung von den aus den Prüfungsnachweisen folgenden Wertansätzen abweichen und damit in der Summe den JA wesentlich beeinflussen

Berichterstattung des Abschlussprüfers (83 ff.)

Bestätigungsvermerk

Bedeutsame Unsicherheit in der RL zu geschätzten Werten		Ggf. Hinweis im Bestätigungsvermerk
Unsicherheit oder Mangel an zur Verfügung stehenden objektiven Daten bei der Schätzung eines Wertansatzes bzw. einzelner wertbestimmender Komponenten		Ggf. Einschränkung/Versagung Bestätigungsvermerk

Prüfungsbericht

Stellungnahme zu Unsicherheiten im Zusammenhang mit der Ermittlung und Darstellung von geschätzten Werten, wenn diese für die Aufsichtsorgane des Unternehmens von besonderer Bedeutung sind

Dokumentation (86)

IDW PS 318
IDW Prüfungsstandard: Prüfung von Vergleichsangaben über Vorjahre

Zusammenfassung:
Vergleichsangaben über Vorjahre stellen Bezüge zwischen Posten und Angaben im zu prüfenden Jahres- bzw. Konzernabschluss und Lage- bzw. Konzernlagebericht und entsprechenden Posten und Angaben in Abschlüssen und Lageberichten vorhergehender Perioden her. Vergleichsangaben über Vorjahre können unterschieden werden in Vorjahresbeträge (Vorjahreszahlen, d.h. Vorjahresbeträge zu jedem Posten der Bilanz und GuV, und Vorjahresangaben, insb. Vorjahreszahlenangaben zu Anhang- und Lageberichtsangaben) und Vorjahresabschlüsse (können zu Vergleichszwecken zusammen mit dem Jahresabschluss veröffentlicht oder in seltenen Fällen in den Jahresabschluss aufgenommen werden).

Die Prüfungshandlungen zur Prüfung der Übernahme der Vorjahresbeträge in den Jahresabschluss sind wesentlich geringer als diejenigen zur Beurteilung der entsprechenden Beträge für das zu prüfende Geschäftsjahr, da in diesem Rahmen keine materielle Prüfung der Vorjahresbeträge erfolgt.

Besonderheiten ergeben sich, wenn Vorjahresabschlüsse außerhalb des geprüften Jahresabschlusses zusammen mit diesem veröffentlicht werden oder in Ausnahmefällen Vorjahresabschlüsse Bestandteil des Jahresabschlusses werden.

ISA:
ISA 710 „Comparative Information – Corresponding Figures and Comparative Financial Statements"

Verweise:
– *IDW PS 400:* Grundsätze für die ordnungsmäßige Erteilung von Bestätigungsvermerken bei Abschlussprüfungen
– *IDW PS 450:* Grundsätze ordnungsmäßiger Berichterstattung bei Abschlussprüfungen
– *IDW RS HFA 39:* Grundsätze zum Umfang der anzugebenden Vorjahreszahlen sowie zu deren Ermittlung und zu den Angabe- und Erläuterungspflichten bei nicht vergleichbaren oder angepassten Vorjahreszahlen
– *IDW PS 202:* Grundsätze zum kritischen Lesen von Vorjahresangaben, die außerhalb des geprüften Abschlusses zusammen mit diesem veröffentlicht werden
– *IDW PS 205:* Prüfungshandlungen im Zusammenhang mit Erstprüfungen

IDW PS 318: Prüfung von Vergleichsangaben über Vorjahre

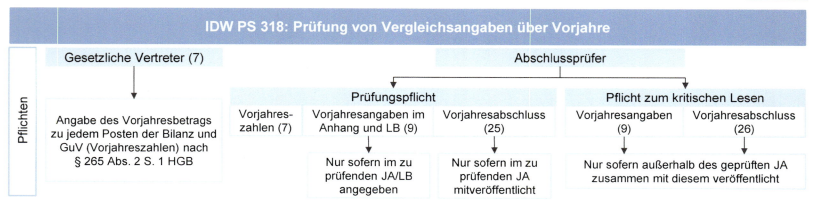

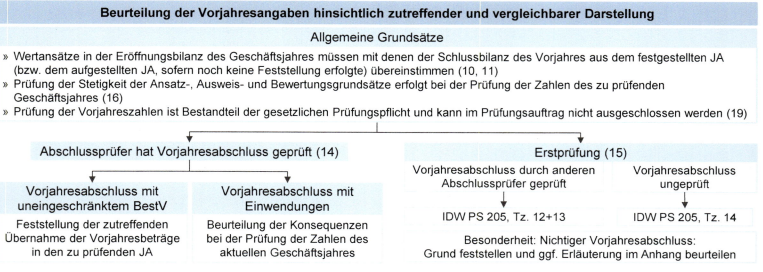

IDW PS 318 1/3

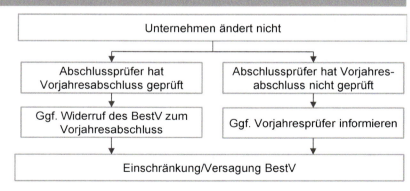

IDW PS 318

Besonderheiten bei der Veröffentlichung von Vorjahresabschlüssen im Zusammenhang mit dem zu prüfenden Abschluss (23 ff.)		
Vorjahresabschluss ist Bestandteil des Anhangs oder Lageberichts im zu prüfenden Abschluss (25)	Prüfung des Vorjahresabschlusses als gesonderte Beauftragung (27)	Vorjahresabschluss wird außerhalb des geprüften Abschlusses zusammen mit diesem veröffentlicht (26)
↓	↓	↓
Vorjahresabschluss unterliegt der Prüfungspflicht durch den Abschlussprüfer; Prüfungshandlungen zur zutreffenden Übernahme der Vorjahresbeträge in den zu prüfenden Jahresabschluss		Abschlussprüfer muss Vorjahresabschluss kritisch lesen, um wesentliche Unstimmigkeiten mit dem geprüften Abschluss festzustellen
↓	↓	
Prüfungsbericht (30)	**Prüfungsbericht (31)**	
Folgende zusätzliche Angaben sind zu machen: » Ableitung des Vorjahresabschlusses aus dem zugrunde liegenden Abschluss » Prüfungsvorgehen zum Vorjahresabschluss » ggf. Feststellungen	» Berichterstattung über gesonderte Beauftragung in einem eigenen Abschnitt	
BestV (30)	**Bescheinigung (32)**	
» Darstellung im BestV analog Tz. 17 ff.	» Bescheinigung über gesonderte Prüfung » Kein einheitlicher BestV über Ergebnisse der gesonderten Beauftragung und Abschlussprüfung	

Besonderheiten der Vergleichsangaben über Vorjahre zu Konzernabschlüssen (33 ff.)
» Grundsätze zur Ermittlung und Prüfung von Vergleichsangaben über Vorjahre gelten sinngemäß für den KA und KLB » Sofern wesentliche Änderungen im Konsolidierungskreis erfolgten: Durch geeignete Angaben im Konzernanhang muss ein sinnvoller Vergleich des KA und Vorjahres-KA möglich sein » Grundsätze zur Einholung von Prüfungsnachweisen, zu den Prüfungsfeststellungen sowie zur Berichterstattung und Bestätigung von Vorjahresbeträgen sind entsprechend anzuwenden

IDW PS 320 n. F.
IDW Prüfungsstandard: Besondere Grundsätze für die Durchführung von Konzernabschlussprüfungen (einschließlich der Verwertung der Tätigkeit von Teilbereichsprüfern)

Zusammenfassung:
Ziel des Konzernabschlussprüfers bei der Anwendung der Anforderungen dieses *IDW Prüfungsstandards* ist es,
- darüber zu entscheiden, ob er den Auftrag zur Konzernabschlussprüfung annimmt,
- und falls er den Auftrag angenommen hat:
  - sich mit den Teilbereichsprüfern eindeutig über den Umfang und die Zeitpunkte der zur Rechnungslegung der Teilbereiche durchzuführenden Tätigkeiten sowie über deren Feststellungen auszutauschen,
  - ausreichende und angemessene Prüfungsnachweise über die Rechnungslegungsinformationen der Teilbereiche und über den Konsolidierungsprozess zu gewinnen, um ein Prüfungsurteil darüber abgeben zu können, ob der Konzernabschluss und der Konzernlagebericht in allen wesentlichen Belangen den maßgebenden Rechnungslegungsvorschriften entsprechen.

Bei einer Konzernabschlussprüfung umfasst das Prüfungsrisiko auch das Risiko, dass für den Konzernabschluss wesentliche falsche Angaben in der Rechnungslegung eines Teilbereichs weder durch den Teilbereichsprüfer noch durch das Konzernprüfungsteam aufgedeckt werden.

Zur Anwendung des Konzepts der Wesentlichkeit muss das Konzernprüfungsteam im Rahmen der Planung die Konzernwesentlichkeit, die Teilbereichswesentlichkeiten für solche Teilbereiche, die für Zwecke der Konzernabschlussprüfung einer Prüfung oder prüferischen Durchsicht unterzogen werden und eine Schwelle, oberhalb derer falsche Angaben nicht als zweifelsfrei unbeachtlich für den Konzernabschluss angesehen werden können (Nichtaufgriffsgrenze), festlegen.

ISA:
ISA 600 „Special Considerations – Audits of Group Financial Statements (Including the Work of Component Auditors)"

Verweise:
- *IDW PS 400:* Grundsätze für die ordnungsmäßige Erteilung von Bestätigungsvermerken bei Abschlussprüfungen
- *IDW PS 450:* Grundsätze ordnungsmäßiger Berichterstattung bei Abschlussprüfungen
- *IDW PS 250 n. F.:* Wesentlichkeit im Rahmen der Abschlussprüfung
- *IDW PS 261 n. F.:* Feststellung und Beurteilung von Fehlerrisiken und Reaktionen des Abschlussprüfers auf die beurteilten Fehlerrisiken
- *VO 1/2006:* Anforderungen an die Qualitätssicherung in der Wirtschaftsprüferpraxis

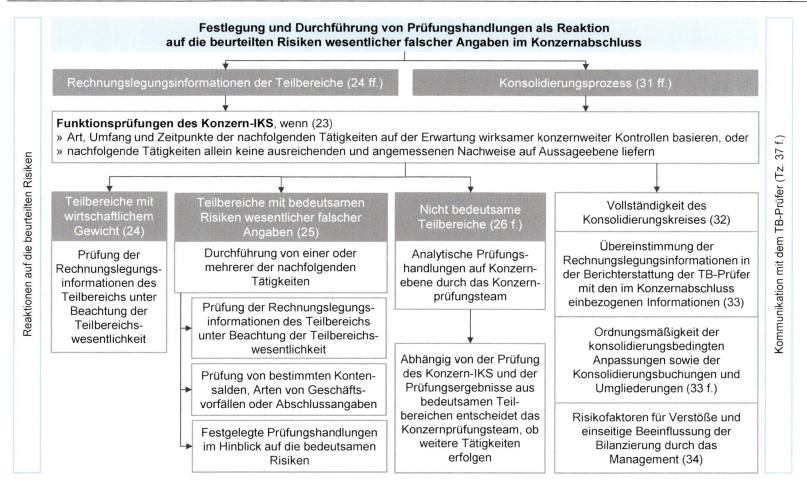

IDW PS 320 n. F.

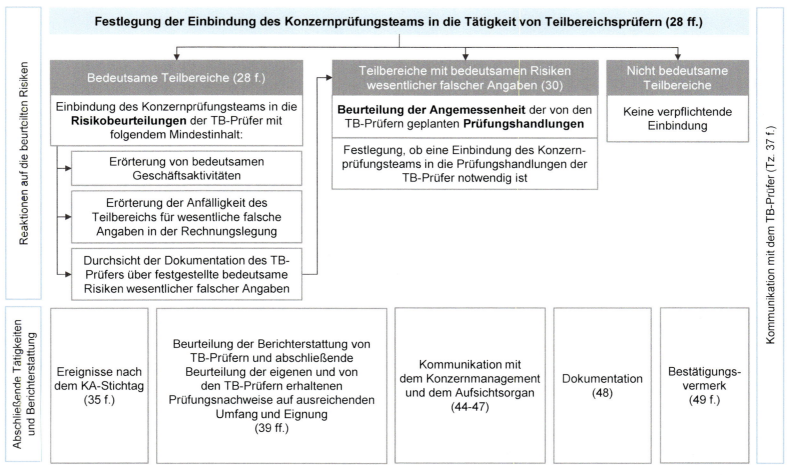

IDW PS 321
IDW Prüfungsstandard: Interne Revision und Abschlussprüfung

Zusammenfassung:

Unter der Internen Revision wird eine unternehmenseigene prozessunabhängige, prüfende, beurteilende und beratende Tätigkeit verstanden, die innerhalb eines Unternehmens oder Konzerns durchgeführt wird. Sie unterstützt das (Mutter-)Unternehmen bei der Erreichung seiner unternehmerischen Ziele. Dazu bewertet sie mit einem systematischen und zielgerichteten Ansatz die Wirksamkeit des Risikomanagementsystems, des Steuerungs- und Überwachungssystems einschließlich der Kontrollen und hilft, diese zu verbessern. Insbesondere umfasst die Funktion der internen Revision die Untersuchung, Bewertung und Überwachung der Angemessenheit und Wirksamkeit des internen Kontrollsystems einschließlich des Rechnungslegungssystems und der in diesem System ablaufenden Prozesse. Diese Tätigkeit wird regelmäßig in einer eigenständigen organisatorischen Einheit, der so genannten „Internen Revision", durchgeführt.

Im Rahmen der Abschlussprüfung stützt sich der Abschlussprüfer regelmäßig auf Feststellungen der Internen Revision, insbesondere da mit wachsender Kompliziertheit der betrieblichen Prozesse und des Rechnungswesens eine wirksame Interne Revision für die Ordnungsmäßigkeit des Rechnungswesens von wesentlicher Bedeutung ist. Der Abschlussprüfer hat Aufgabenstellung und Arbeitsanweisungen der gesetzlichen Vertreter an die Interne Revision sowie deren Tätigkeit zur Kenntnis zu nehmen und im Interesse einer wirksamen und wirtschaftlichen Prüfung abzuwägen, ob und inwieweit deren Ergebnisse bei der Festlegung der Prüfungshandlungen im Rahmen der Abschlussprüfung zu berücksichtigen sind.

Der Abschlussprüfer muss im Rahmen der Entwicklung einer risikoorientierten Prüfungsstrategie eine vorläufige Einschätzung der Wirksamkeit der Internen Revision vornehmen, wenn es Anzeichen dafür gibt, dass auf bestimmten Prüfungsgebieten die Interne Revision Bedeutung für die Abschlussprüfung hat. Das Ergebnis dieser Beurteilung ist maßgebend dafür, inwieweit sich der Abschlussprüfer voraussichtlich auf die Ergebnisse der Internen Revision stützen und Art, zeitlichen Ablauf und Umfang der Prüfungshandlungen anpassen kann.

Besonderheiten betreffen die Verbote zur Eingliederung von Personal der Internen Revision in das Prüfungsteam des Abschlussprüfers sowie der vollständigen Übernahme der Aufgaben der Internen Revision durch den Abschlussprüfer.

ISA:

ISA 610 (Revised 2013) „Using the Work of Internal Auditors"

Verweise:

– *IDW PS 240:* Berücksichtigung der Verwertung von Arbeiten der Internen Revision bei der Prüfungsplanung

IDW PS 321: Interne Revision und Abschlussprüfung

Ziele und Aufgaben von Interner Revision und Abschlussprüfung

Abschlussprüfung (10)
Ziele und Aufgaben sind durch das Gesetz festgelegt (§§ 317 ff. HGB) und werden in den IDW Prüfungsstandards konkretisiert, welche die vom IDW festgestellten Grundsätze ordnungsmäßiger Abschlussprüfung (GoA) enthalten.

Interne Revision (10)
Ziele und Aufgaben werden durch die gesetzlichen Vertreter im Rahmen ihrer Geschäftsführungsverantwortung in Abhängigkeit von Risiko, Größe und Struktur des Unternehmens festgelegt (insb. § 91 Abs. 2 AktG).

Ziele (8)
- » Überprüfung der Eignung und Überwachung der Einhaltung der Regelungen und Anordnungen der gesetzlichen Vertreter und der Ordnungsmäßigkeit von Aufbau und Funktion des IKS
- » Beratung der gesetzlichen Vertreter in den hiermit zusammenhängenden Fragen

Aufgaben (9)
- » Untersuchungen des IKS
- » Untersuchungen von abschlussbezogenen Informationen oder von Informationen, die sich auf weitere betriebliche Prozesse beziehen
- » Untersuchungen zur Wirtschaftlichkeit, Zweckmäßigkeit, Wirksamkeit und Sicherheit von betrieblichen Vorgängen und Einschätzung von Risikosituationen
- » Untersuchungen zur Wirksamkeit des RMS
- » Ordnungsmäßigkeitsbeurteilungen zur Feststellung der Einhaltung von Gesetzen, Verordnungen und anderer externer Vorgaben sowie interner Regelungen

Verwertbarkeit der Arbeit der Internen Revision

Bedeutung für die Abschlussprüfung (11 ff.)
- » Eine wirksame IR ist bei komplexen Unternehmensprozessen wesentlich für die Ordnungsmäßigkeit des Rechnungswesens
- » APr sollte im Interesse einer wirksamen und wirtschaftlichen Prüfung abwägen, ob und inwieweit er die Ergebnisse der IR berücksichtigt

Nutzen für die Prüfung (12)
- » Arbeiten der IR verringern das Risiko unentdeckter Fehler im rechnungslegungsbezogenen IKS
- » APr kann sich auf Erkenntnisse der IR bei seiner Planung von Art, Zeitpunkt und Umfang von PH stützen
- » Ggf. Verwertung von Feststellungen der IR aus Systemprüfungen und aussagebezogenen PH

Einschränkungen der Nutzung (13)
- » Da IR Teil des Unternehmens ist, erlangt sie nicht den Unabhängigkeitsgrad eines Abschlussprüfers
- » APr hat bei der Verwertung der Arbeiten der Internen Revision die alleinige und unteilbare Verantwortung für das Prüfungsurteil

IDW PS 321

Prüfungsplanung

Vorläufige Einschätzung der Bedeutung und Wirksamkeit der IR für die Abschlussprüfung (14 ff.)

Vorläufige Einschätzung der Wirksamkeit der IR, wenn sie für bestimmte Prüfungsgebiete von Bedeutung für die Abschlussprüfung ist

Kriterien für die Einschätzung
- » Organisatorische Einordnung
- » Umfang der Tätigkeit
- » Fachliche Kompetenz
- » Berufliche Sorgfalt

→ **Vorläufig wirksam**: APr kann sich auf Arbeiten der IR stützen und Art, Zeitpunkt und Umfang seiner geplanten PH anpassen

→ **Nicht wirksam bzw. ohne Bedeutung für die APr**: Keine Verwertung der Arbeiten der Internen Revision

Zeitliche Koordination und Abstimmung von Abschlussprüfung und Interner Revision (18 ff.)

Erörterung des Arbeitsprogramms der IR
- » Zeitlicher Ablauf
- » Umfang der Prüfungstätigkeit
- » Dokumentation der Projekte
- » Stichprobenauswahlverfahren und Stichprobenumfang
- » Überwachung
- » Berichterstattung
- » Regelmäßige Besprechung

Auskünfte
- » APr erhält Zugang zu den Berichten der IR, die die Abschlussprüfung betreffen
- » APr wird über wesentliche Sachverhalte informiert, die von der IR aufgedeckt werden und die die Abschlussprüfung betreffen
- » APr informiert IR über wesentliche Sachverhalte, die die IR betreffen (in Abstimmung mit den gV)

Überprüfung der Arbeit der Internen Revision (22 ff.)

Prüfungsdurchführung

Ziel	Bestätigung der vorläufigen Einschätzung der Wirksamkeit der Internen Revision

Hierzu muss der APr beurteilen, ob … (23)

eine ausreichende fachliche Ausbildung und Fähigkeit der Mitarbeiter vorliegt und die Arbeiten angemessen angeleitet, überwacht und dokumentiert wurden	angemessene und ausreichende Prüfungsnachweise eingeholt wurden	die Schlussfolgerungen der IR den erfassten Sachverhalten entsprechen	ungewöhnliche Sachverhalte, die der Internen Revision aufgefallen sind, ordnungsmäßig geklärt wurden	die Interne Revision die Umsetzung ihrer Empfehlungen überwacht

Nachprüfung einzelner Projekte der IR	» Umfang abhängig vom inhärenten Risiko und der Wesentlichkeit des Prüffeldes sowie von der Beurteilung der Wirksamkeit der Arbeiten der IR » Mögliche Prüfungshandlungen sind u.a. die Nachprüfung von bereits durch die IR beurteilten Sachverhalten » Feststellungen und Schlussfolgerungen zu den Prüfungshandlungen sind zu dokumentieren

Trennung von Abschlussprüfung und Interner Revision (27 ff.)

» Eingliederung von Personal der Internen Revision in das Prüfungsteam ist nicht zulässig (sog. Direct Assistance)
» Vollständige Übernahme der Aufgaben der Internen Revision durch den Abschlussprüfer ist ebenfalls unzulässig

IDW PS 322 n. F.
IDW Prüfungsstandard: Verwertung der Arbeit eines für den Abschlussprüfer tätigen Sachverständigen

Zusammenfassung:
Der *IDW Prüfungsstandard* behandelt die Pflichten des Abschlussprüfers im Zusammenhang mit der Arbeit einer Person, eines Unternehmens oder einer anderen Organisation mit Fachkenntnissen auf einem anderen Gebiet als dem der Rechnungslegung oder Prüfung, wenn diese Arbeit dazu dient, den Abschlussprüfer darin zu unterstützen, ausreichende und angemessene Prüfungsnachweise zu erlangen. Beispiele für solche Fachkenntnisse können sein:
- die Bewertung von
  - komplexen Finanzinstrumenten,
  - Grundstücken und Gebäuden, technischen Anlagen und Maschinen,
  - Schmuck, Kunstwerken und Antiquitäten,
  - immateriellen Vermögenswerten,
  - erworbenen Vermögenswerten und übernommenen Schulden bei Unternehmenszusammenschlüssen sowie
  - Vermögenswerten, die eine Wertminderung erfahren haben können,
- die versicherungsmathematische Berechnung von Verpflichtungen im Zusammenhang mit Versicherungsverträgen oder Leistungszusagen an Mitarbeiter,
- die Schätzung von Öl- und Gasreserven,
- die Bewertung von Umweltverpflichtungen und Kosten für Aufräumarbeiten,
- die Auslegung von Verträgen sowie von Gesetzen und anderen Rechtsvorschriften,
- die Analyse komplexer oder außergewöhnlicher Fragen zur Einhaltung von Steuervorschriften.

Der Abschlussprüfer muss entscheiden, ob die Arbeit eines Sachverständigen für die Zwecke der Abschlussprüfung benötigt wird, und, falls er die Arbeit verwertet, die Angemessenheit dieser Arbeit beurteilen.

ISA:
ISA 620 „Using the Work of an Auditor's Expert"

Verweise:
- *IDW PS 400:* Grundsätze für die ordnungsmäßige Erteilung von Bestätigungsvermerken bei Abschlussprüfungen
- *IDW PS 450:* Grundsätze ordnungsmäßiger Berichterstattung bei Abschlussprüfungen
- *IDW PS 300 n. F.:* Verwendung der Tätigkeit eines vom Unternehmen eingesetzten Sachverständigen („Sachverständiger der gesetzlichen Vertreter") als Prüfungsnachweis
- *IDW PS 321:* Verwertung der Arbeit der Internen Revision
- *IDW PS 320 n. F.:* Verwertung der Tätigkeit von Teilbereichsprüfern
- *VO 1/2006:* Konsultation einer Person, eines Unternehmens oder einer anderen Organisation, die über Fachkenntnisse auf einem Spezialgebiet der Rechnungslegung oder Prüfung verfügt sowie die Tätigkeit von Mitgliedern des Prüfungsteams mit Fachkenntnissen auf einem Spezialgebiet der Rechnungslegung oder Prüfung

IDW PS 322 n.F.

IDW PS 322 n.F.: Verwertung der Arbeit eines für den Abschlussprüfer tätigen Sachverständigen

Anwendungsbereich

Gegenstand dieses IDW Prüfungsstandards

Person, Unternehmen oder andere Organisation mit Fachkenntnissen auf einem anderen Gebiet als dem der Rechnungslegung oder Prüfung unterstützt den APr bei der Erlangung von ausreichenden und angemessenen Prüfungsnachweisen

Nicht Gegenstand dieses IDW Prüfungsstandards

» Person, Unternehmen oder andere Organisation mit Fachkenntnissen auf einem anderen Gebiet als dem der Rechnungslegung oder Prüfung unterstützt das zu prüfende Unternehmen bei der Aufstellung des Abschlusses – siehe hierzu IDW PS 300 Tz. 9a
» Verwertung der Arbeit der Internen Revision – siehe hierzu IDW PS 321
» Verwertung der Tätigkeit von Teilbereichsprüfern – siehe hierzu IDW PS 320 n.F.
» Person, Unternehmen oder andere Organisation mit Fachkenntnissen auf einem Spezialgebiet der Rechnungslegung oder Prüfung wird vom APr konsultiert – siehe hierzu VO 1/2006 Tz. 98–105
» Mitglieder des Prüfungsteams mit Fachkenntnissen auf einem Spezialgebiet der Rechnungslegung oder Prüfung unterstützen den APr bei der Erlangung von ausreichenden und angemessenen Prüfungsnachweisen – siehe hierzu VO 1/2006 Tz. 95–97, 106 f.

Pflichten des Abschlussprüfers

Verantwortung (7)

APr trägt die alleinige Verantwortung für das abgegebene Prüfungsurteil

Zielsetzung (8)

APr muss entscheiden, ob die Arbeit eines Sachverständigen im Rahmen der Abschlussprüfung benötigt wird	APr muss bei der Verwertung der Arbeit eines Sachverständigen entscheiden, ob die Arbeit angemessen ist

Relevante Überlegungen bei der Entscheidung über die Hinzuziehung (A5):
» Haben die gV einen eigenen Sachverständigen eingebunden?
» Art, Bedeutung und Komplexität des Sachverhalts
» Risiken wesentlicher falscher Angaben, die aus dem Sachverhalt resultieren
» Art der PH, die als Reaktion auf festgestellte Risiken durchgeführt werden sollen

IDW PS 322 n. F.

PH des Abschlussprüfers zur Verwertung der Arbeit eines Sachverständigen

Kompetenz, Fähigkeit und Objektivität des Sachverständigen (12, A9 ff.)

- » APr muss beurteilen, ob der SachV über die Kompetenz, die Fähigkeit sowie die Objektivität verfügt, die für Zwecke des APr notwendig sind
- » Im Falle eines externen SachV muss der APr den SachV zu möglichen Interessen und Beziehungen befragen, die eine Gefährdung der Objektivität des SachV hervorrufen können

Erlangen eines Verständnisses von dem Fachgebiet des Sachverständigen (13, A15 f.)

APr muss ein ausreichendes Verständnis vom Fachgebiet des SachV erlangen, um in der Lage zu sein,
- » Art, Umfang und Ziele der Arbeit des SachV für Zwecke des APr festzulegen und
- » die Eignung dieser Arbeit für die Zwecke des APr zu beurteilen

Vereinbarungen mit dem Sachverständigen (14, A17 ff.)

APr muss mit dem SachV Vereinbarungen zu folgenden Sachverhalten treffen:
- » Art, Umfang und Ziele der Arbeit des SachV
- » Funktionen und Verantwortlichkeiten des APr und des SachV
- » Art, Zeitpunkt und Umfang der Kommunikation, inkl. Bericht
- » Verpflichtung des SachV zur Verschwiegenheit

Beurteilung der Angemessenheit der Arbeit des SachV für Zwecke des APr (15, A23 ff.)

Prüfungshandlungen

Beurteilungsgegenstand	Prüfungshandlungen
Relevanz und Vertretbarkeit der Feststellungen oder Schlussfolgerungen des SachV sowie deren Übereinstimmungen mit anderen Prüfungsnachweisen	» Befragungen des SachV » Durchsicht der Arbeitspapiere und Berichte des SachV » Untersuchung veröffentlichter zuverlässiger Daten » Durchführung eigener analytischer PH
SachV verwendet bedeutsame Annahmen und Methoden: Relevanz und Vertretbarkeit dieser Annahmen und Methoden unter den gegebenen Umständen	» Siehe PH zu Annahmen und Methoden in IDW PS 314 n.F. » Sind die Annahmen und Methoden im Fachgebiet des SachV allgemein anerkannt? » Stehen die Annahmen und Methoden mit den Anforderungen der anzuwendenden Rechnungslegungsgrundsätze im Einklang? » Wurden spezifische Modelle angewendet?
SachV verwendet bedeutsame Ausgangsdaten: Relevanz, Vollständigkeit und Richtigkeit dieser Ausgangsdaten	» Überprüfung der Herkunft der Daten » Durchsicht der Daten auf Vollständigkeit und Widerspruchsfreiheit » Befragung des SachV zur Relevanz, Vollständigkeit und Richtigkeit der Daten

Arbeit des SachV ist nicht ausreichend und angemessen (16, A29)		
Mit dem SachV Art und Umfang weiterer von dem SachV durchzuführender Arbeiten vereinbaren	oder	APr führt eigene geeignete PH durch

Prüfungsbericht (17)	Bestätigungsvermerk (18 f.)
Allgemeine Grundsätze » Darstellung, ob sich die Beurteilungen des APr auf die Arbeiten eines SachV stützen (IDW PS 450, Tz. 16) Gegenstand, Art und Umfang der Prüfung » Berichterstattung über die Verwertung von wesentlichen Arbeiten Dritter (IDW PS 450, Tz. 57)	» APr darf im BestV keinen Bezug auf die Arbeiten eines SachV nehmen » Ausnahme: Bezugnahme ist für das Verständnis einer Einschränkung oder Versagung des BestV relevant, aber: Hinweis darauf geben, dass die Verantwortung des APr für dieses Prüfungsurteil nicht verringert wird

IDW PS 330
IDW Prüfungsstandard: Abschlussprüfung bei Einsatz von Informationstechnologie

Zusammenfassung:

Der Abschlussprüfer hat das IT-gestützte Rechnungslegungssystem daraufhin zu beurteilen, ob es den gesetzlichen Anforderungen – insbesondere den im *IDW RS FAIT 1* dargestellten Ordnungsmäßigkeits- und Sicherheitsanforderungen – entspricht, um die nach § 322 HGB i.V.m. § 317 HGB und § 321 HGB geforderten Prüfungsaussagen über die Ordnungsmäßigkeit der Buchführung treffen zu können. Folglich ist es die Aufgabe des Abschlussprüfers, das IT-System des Unternehmens insoweit zu prüfen, als dessen Elemente dazu dienen, Daten über Geschäftsvorfälle oder betriebliche Aktivitäten zu verarbeiten, die entweder direkt in die IT-gestützte Rechnungslegung einfließen oder als Grundlage für Buchungen im Rechnungslegungssystem in elektronischer Form zur Verfügung gestellt werden (rechnungslegungsrelevante Daten). Der Begriff der Rechnungslegung umfasst dabei die Buchführung, den Jahresabschluss und den Lagebericht bzw. auf Konzernebene den Konzernabschluss und den Konzernlagebericht.

Die IT-Systemprüfung stellt einen Teilausschnitt aus der Prüfung des internen Kontrollsystems dar und wird nach den allgemeinen Grundsätzen für die Prüfung von internen Kontrollsystemen geplant und durchgeführt. Ziel der IT-Systemprüfung ist die Beurteilung der IT-Fehlerrisiken, d.h. des Risikos wesentlicher Fehler im IT-System, soweit diese rechnungslegungsrelevant sind. Da das IT-Kontrollsystem integraler Bestandteil des internen Kontrollsystems eines Unternehmens ist, hat der Abschlussprüfer die aussagebezogenen Prüfungshandlungen (analytische Prüfungshandlungen sowie Einzelfallprüfungen) unter Berücksichtigung sowohl der Ergebnisse der Prüfung des IT-Kontrollsystems als auch des internen Kontrollsystems in seiner Gesamtheit zu bemessen.

ISA:

ISA 315 (Revised) „Identifying and Assessing the Risks of Material Misstatement through Understanding the Entity and Its Environment"
ISA 330 „The Auditor's Responses to Assessed Risks"

Verweise:
- *IDW PS 400:* Grundsätze für die ordnungsmäßige Erteilung von Bestätigungsvermerken bei Abschlussprüfungen
- *IDW PS 450:* Grundsätze ordnungsmäßiger Berichterstattung bei Abschlussprüfungen
- *IDW RS FAIT 1:* Grundsätze ordnungsmäßiger Buchführung bei Einsatz von Informationstechnologie
- *IDW PS 261 n. F.:* Dieser *IDW Prüfungsstandard* zur IT-Systemprüfung basiert auf den allgemeinen Anforderungen an die Prüfung des internen Kontrollsystems durch den Abschlussprüfer.
- *IDW PH 9.100.1:* Bei IT-Systemen mit geringer Komplexität (z.B. PC-gestützte Buchführungssysteme) kann sich die IT-Systemprüfung auf ausgewählte Funktionalitäten (wie beispielsweise Funktionalitäten zur Generierung automatischer Buchungen) beschränken, wenn die hinreichende Sicherheit der Prüfungsaussagen durch aussagebezogene Prüfungshandlungen erlangt werden kann.
- *IDW PS 850:* Projektbegleitende Prüfung bei Einsatz von Informationstechnologie
- *IDW PS 880:* Die Prüfung von Softwareprodukten

IDW PS 330: Abschlussprüfung bei Einsatz von Informationstechnologie

Allgemeines (8 ff.)

Ziele und Umfang von IT-Systemprüfungen

Ziele der IT-Systemprüfung	» Beurteilung des IT-gestützten RL-Systems daraufhin, ob es den gesetzlichen Anforderungen – insbesondere den Ordnungsmäßigkeits- und Sicherheitsanforderungen – entspricht, um Prüfungsaussagen über die Ordnungsmäßigkeit der Buchführung treffen zu können » Beurteilung von IT-Fehlerrisiken, d.h. Risiken wesentlicher Fehler im IT-gestützten RL-System
Umfang der IT-Systemprüfung	Die IT-Systemprüfung bezieht sich auf alle Elemente eines IT-Systems, sofern diese RL-relevant (IDW RS FAIT 1) sind. Art und Umfang der IT-Systemprüfung bestimmen sich aus: » der Wesentlichkeit des IT-Systems für die Rechnungslegung bzw. für die Beurteilung der Ordnungsmäßigkeit der Rechnungslegung » der Komplexität des eingesetzten IT-Systems
Elemente eines IT-Systems	IT-Kontrollsystem (IT-Organisation / IT-Umfeld) → IT-System: IT-gestützte Geschäftsprozesse ↑, IT-Anwendungen ↑, IT-Infrastruktur
Zeitpunkt der IT-Systemprüfung	IT-Systemprüfungen werden im Vorfeld der Abschlussprüfung durchgeführt. Bei Modifikationen, Neueinführungen oder Erweiterungen wesentlicher rechnungslegungsrelevanter IT-Anwendungen kann die IT-Systemprüfung ex-post oder projektbegleitend erfolgen.
Auswirkung auf aussagebezogene PH	Das IT-Kontrollsystem ist integraler Bestandteil des IKS eines Unternehmens → Bemessung der aussagebezogenen Prüfungshandlungen unter Berücksichtigung der Ergebnisse der Prüfung des IKS einschließlich des IT-Kontrollsystems

IDW PS 330

Ziele und Umfang von IT-Systemprüfungen

Risiken aus dem Einsatz von IT (15 ff.)

IT-Fehlerrisiken (16)

Die mit der konkreten Ausgestaltung des IT-Systems einhergehenden Risiken für wesentliche Fehler in der Rechnungslegung setzen sich aus inhärenten Risiken und Kontrollrisiken zusammen, die durch den Abschlussprüfer nicht beeinflussbar sind

Inhärente Risiken:
Anfälligkeit des IT-Systems für Fehler, die Auswirkungen auf die Ordnungsmäßigkeit der Rechnungslegung haben können, ohne Berücksichtigung des IT-Kontrollsystems. Werden auf Unternehmensebene und prüffeldspezifisch beurteilt.

Kontrollrisiken:
Stellen die Gefahr dar, dass Fehler durch das IT-Kontrollsystem nicht verhindert oder aufgedeckt und korrigiert werden

IT-bezogene Risikoindikatoren bei der Beurteilung der inhärenten Risiken auf Unternehmens- und Prüffeldebene (18 f.)

Abhängigkeit	Änderungen	Know-how und Ressourcen	Geschäftliche Ausrichtung

Vorgehensweise bei der IT-Systemprüfung (25 ff.)

Allgemein
- » Beurteilung der Angemessenheit der Bewertung der IT-Fehlerrisiken durch die Unternehmensleitung im Rahmen der Umsetzung der IT-Strategie und des Sicherheitskonzeptes
- » ggf. die Arbeiten der Internen Revision oder von Sachverständigen berücksichtigen

IDW PS 330

Ziele und Umfang von IT-Systemprüfungen

Aufnahme des IT-Systems
» Verschaffung eines Überblicks über das zur Rechnungslegung eingesetzte IT-System
» Ermittelte Informationen und Kenntnisse sind Basis für Aufbau- und Funktionsprüfung

Aufbauprüfung
Beurteilung, ob das angewiesene IT-Kontrollsystem (Soll-Zustand) unter Berücksichtigung der prüffeldspezifischen inhärenten Risiken angemessen und im geplanten Umfang wirksam ist

Funktionsprüfung
Beurteilung, ob die eingerichteten IT-Kontrollen wirksam sind und zur Begrenzung der IT-Fehlerrisiken beitragen

Besonderheiten bei der IT-Systemprüfung (42 ff.)

» Die Aufbau- und Ablauforganisation eines Unternehmens kann funktional oder geschäftsprozessorientiert ausgerichtet sein
» Bei einer auf den jeweiligen funktionalen Bereich ausgerichteten Prüfung besteht die Gefahr, dass der geschäftsprozessbedingte Datenaustausch unberücksichtigt bleibt und systemtechnische Zusammenhänge nur unzureichend berücksichtigt werden

Durchführung von IT-Systemprüfungen

Auftragsannahme und Prüfungsplanung (45 ff.)

Auftragsannahme
APr muss über die besonderen Kenntnisse und Erfahrungen zur Durchführung einer IT-Prüfung im Rahmen der Abschlussprüfung verfügen
→ allgemein im Bereich der IT
→ über das eingesetzte IT-System

APr verfügt nicht über die erforderlichen Kenntnisse → Einbeziehung von IT-Sachverständigen

Planung von IT-Systemprüfungen
- Prüfungsstrategie: Beurteilung der inhärenten IT-Risiken auf Unternehmensebene
- Prüfungsprogramm: Beurteilung der prüffeldspezifischen inhärenten IT-Risiken

Durchführung von IT-Systemprüfungen

Erhebung von Informationen (49 ff.)

Erhebung der rechnungslegungsrelevanten IT-Systemelemente (IT-Umfeld, IT-Organisation, IT-Infrastruktur, IT-Anwendungen und IT-Geschäftsprozesse) sowie des IT-Überwachungssystems anhand von Organigrammen, Prozessbeschreibungen und -richtlinien sowie Aufstellungen über Hard- und Software

Aufbau- und Funktionsprüfungen im Rahmen der IT-Systemprüfung (51 ff.)

IT-Umfeld und IT-Organisation (51)

Prüfung umfasst das vorgelegte Sicherheitskonzept, die IT-Strategie, die Regelungen zur Aufbau- und Ablauforganisation sowie die Prozess- und Funktionsbeschreibungen

IT-Infrastruktur (53)

Prüfung richtet sich auf folgende Bereiche:
- » Physische Sicherungsmaßnahmen
- » Logische Zugriffskontrollen
- » Datensicherungs- und Auslagerungsverfahren
- » Regel- und Notbetrieb
- » Sicherung der Betriebsbereitschaft

IT-Anwendungen (70)

Prüfung umfasst die Erfüllung der verfahrensbezogenen Anforderungen der GoB, der Softwaresicherheit sowie der rechnungslegungsrelevanten Verarbeitungsregeln

Durchführung von IT-Systemprüfungen

IT-gestützte Geschäftsprozesse (84)

Prüfung umfasst die folgenden Punkte:
- » Umfang der Integration der IT-Anwendungen in den Prozessschritten
- » Überleitung der rechnungslegungsrelevanten Daten aus dem Geschäftsprozess in die Rechnungslegung
- » Anwendungs- und prozessbezogene Kontrollen bei der Erfassung und Verarbeitung von Geschäftsvorfällen

IT-Überwachungssystem (89)

Beurteilung der wesentlichen auf die Überwachung des IKS bezogenen Maßnahmen und Berücksichtigung der Auswirkungen dieser Überwachungsmaßnahmen im Rahmen der Beurteilung der Kontrollrisiken

IT-Outsourcing (90)

Auswirkungen einer Auslagerung von IT-Systemen oder IT-gestützten betrieblichen Funktionen auf das IKS des Unternehmens

IT-gestützte Prüfungstechniken

Faktoren zur Entscheidung über den Einsatz (94 f.)

- » Konventionelle PH sind nicht oder nur mit einem unverhältnismäßigen hohen Aufwand möglich (z.B. wenn Belege nur in elektronischer Form vorliegen),
- » Verfügbarkeit IT-gestützter Prüfungstechniken,
- » Kenntnisstand und Erfahrung des Prüfers u.a.

Einsatzbereiche IT-gestützter Prüfungstechniken (96 ff.)

| IT-Systemprüfung, z.B. Auskunft über installierte IT-Programme, Beurteilung von Zugriffsrechten, Generierung von Testfällen zur Prüfung der Eingabe-, Verarbeitungs- und Ausgabekontrollen | Aussagebezogene PH, z.B. Ermittlung und Analyse von Verhältniszahlen und Trends, Auswertung gespeicherter Protokollierungs- und Überwachungsergebnisse |

IDW PS 330

IT-gestützte Prüfungstechniken

IT-gestützte Prüfungsdurchführung (101)

Automatisierung von wiederkehrenden Arbeiten, z.B. zeitliche Prüfungsplanung, Aufbereitung von Prüfungsergebnissen, Dokumentation von Abläufen

Verwendung des IT-Systems des Unternehmens für Prüfungszwecke (102 ff.)

Nutzung von auf der Hardware des Unternehmens installierten Programmen für Prüfungszwecke

Nutzung eigener Programme auf dem IT-System des Unternehmens (104)

» Eigene Prüfprogramme auf das IT-System des Unternehmens laden und einsetzen
» APr muss sicherstellen, dass die Programme richtig und vollständig installiert wurden und nicht verändert werden können

Einsatz von Testdatensätzen (105)

Prüfung der Verarbeitungsergebnisse von IT-Anwendungen

Besonderheiten bei Einsatz IT-gestützter Prüfungstechniken (106 f.)

» Festlegung der Ziele sowie Art und Umfang der IT-gestützten PH in der Prüfungsstrategie (inkl. Inhalt der zu prüfenden Daten und Auswahl von Prüfroutinen)
» Test/Verifizierung der zur Prüfung eingesetzten Programme
» Überwachung der Verfügbarkeit der benötigten Daten

IDW PS 330

Dokumentation und Berichterstattung (108 ff.)

Allgemein
- » Kenntnisse über das IT-System und vorgenommene PH in den Arbeitspapieren und im PrB dokumentieren
- » Prüfungsfeststellung aus IT-Systemprüfung finden Eingang in die Prüfungsaussagen zur Rechnungslegung

Kommunikation mit gV und Aufsichtsorgan
→ Wesentliche Schwächen des IT-Systems sind rechtzeitig und in geeigneter Form mitzuteilen

Prüfungsbericht
- → Stellungnahme zur Ordnungsmäßigkeit der Buchführung und Sicherheit der verarbeiteten rechnungslegungsrelevanten Daten
- → Schwerwiegende Verstöße der gV oder Arbeitnehmer gegen Gesetze (z.B. BDSG)
- → Bestehende Mängel des IT-Kontrollsystems, die zu keinen wesentlichen Fehlern in der Rechnungslegung geführt haben (inkl. der in diesem Zusammenhang durchgeführten Ausweitung von aussagebezogenen Prüfungshandlungen zur Begegnung der festgestellten IT-Fehlerrisiken)

Bestätigungsvermerk
→ Bestehende Mängel des IT-Kontrollsystems, die zu wesentlichen Fehlern in der Rechnungslegung geführt haben → BestV einschränken / ggf. versagen

IDW PS 331 n. F.
IDW Prüfungsstandard: Abschlussprüfung bei teilweiser Auslagerung der Rechnungslegung auf Dienstleistungsunternehmen

Zusammenfassung:
Unternehmen lagern häufig betriebliche Funktionen, z.B. die Personalabrechnung oder den Betrieb des gesamten Rechenzentrums, an andere Unternehmen aus (Dienstleistungsunternehmen). Die Verantwortung für den Abschluss und die Einhaltung der Grundsätze ordnungsmäßiger Buchführung sowie weiterer gesetzlicher oder aufsichtsrechtlicher Anforderungen verbleibt bei den gesetzlichen Vertretern des auslagernden Unternehmens. Dies gilt auch für das mit den ausgelagerten Funktionen im Zusammenhang stehende interne Kontrollsystem (dienstleistungsbezogenes internes Kontrollsystem).

Nimmt ein Unternehmen im Rahmen seiner Geschäftstätigkeit ausgelagerte Dienstleistungen in Anspruch, bestehen die Ziele des Abschlussprüfers des auslagernden Unternehmens darin,

a) ein Verständnis von Art und Bedeutung der von dem Dienstleistungsunternehmen erbrachten Dienstleistungen einschließlich deren Auswirkungen auf das für die Abschlussprüfung relevante interne Kontrollsystem des auslagernden Unternehmens zu gewinnen, um die Risiken wesentlicher falscher Angaben in der Rechnungslegung festzustellen und zu beurteilen, und

b) die Prüfungshandlungen so zu planen und durchzuführen, dass auf diese Risiken angemessen reagiert wird.

Ausgelagerte Dienstleistungen und die hiermit im Zusammenhang stehenden Kontrollen sind Bestandteil der Geschäftsprozesse des auslagernden Unternehmens. Die Auslagerung allein führt nicht dazu, dass diese Dienstleistungen für die Abschlussprüfung relevant sind. Sie sind dann prüfungsrelevant, wenn sie mindestens einen der in diesem *IDW Prüfungsstandard* genannten Bereiche betreffen und für den Abschluss bedeutsam sind.

ISA:
ISA 402 „Audit Considerations Relating to an Entity Using a Service Organization"

Verweise:
– *IDW PS 400:* Grundsätze für die ordnungsmäßige Erteilung von Bestätigungsvermerken bei Abschlussprüfungen
– *IDW PS 450:* Grundsätze ordnungsmäßiger Berichterstattung bei Abschlussprüfungen
– *IDW PS 210:* Zur Aufdeckung von Unregelmäßigkeiten im Rahmen der Abschlussprüfung
– *IDW PS 261 n. F.:* Feststellung und Beurteilung von Fehlerrisiken und Reaktionen des Abschlussprüfers auf die beurteilten Fehlerrisiken
– *IDW PS 330:* Abschlussprüfung bei Einsatz von Informationstechnologie
– *IDW PS 951 n. F.:* Die Prüfung des internen Kontrollsystems bei Dienstleistungsunternehmen

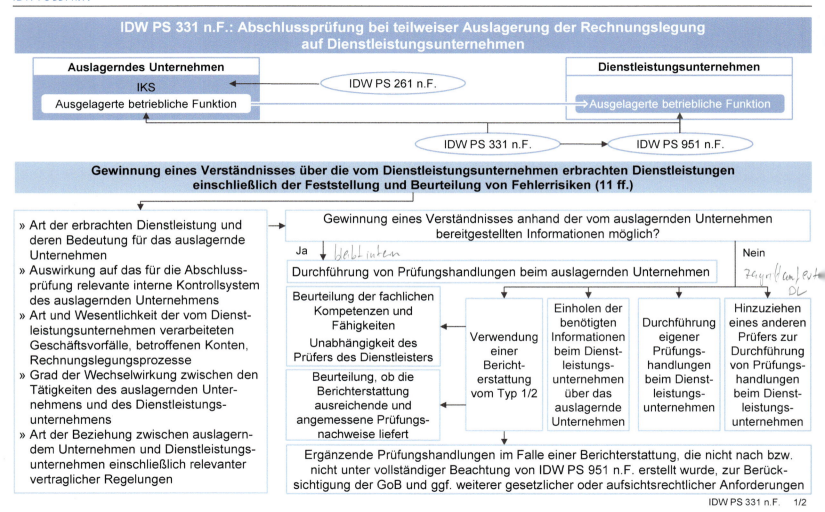

IDW PS 331 n.F.

Festlegung und Durchführung von Prüfungshandlungen als Reaktion auf die beurteilten Risiken wesentlicher falscher Angaben in der Rechnungslegung (18 ff.)

Erlangung ausreichender und angemessener Prüfungsnachweise beim auslagernden Unternehmen möglich?

Ja:

- Durchführung von Funktionsprüfungen beim auslagernden Unternehmen

- » Beurteilung der Angemessenheit des Zeitraums der IKS-Beschreibung
- » Beurteilung der Angemessenheit des durch Funktionsprüfungen abgedeckten Zeitraums
- » Beurteilung der Relevanz der dargestellten korrespondierenden Kontrollen und Prüfung der Wirksamkeit
- » Beurteilung der Relevanz der Funktionsprüfungen und deren Ergebnisse für den Abschluss des auslagernden Unternehmens

Nein:

- Verwendung einer Berichterstattung vom Typ 2
- Durchführung eigener Funktionsprüfungen beim Dienstleistungsunternehmen
- Hinzuziehen eines anderen Prüfers, der für den Abschlussprüfer Funktionsprüfungen beim Dienstleistungsunternehmen durchführt

Ergänzende Prüfungshandlungen im Falle einer Berichterstattung, die nicht nach bzw. nicht unter vollständiger Beachtung von IDW PS 951 n.F. erstellt wurde, zur Berücksichtigung der GoB und ggf. weiterer gesetzlicher oder aufsichtsrechtlicher Anforderungen

IDW PS 340
IDW Prüfungsstandard: Die Prüfung des Risikofrüherkennungssystems nach § 317 Abs. 4 HGB

Zusammenfassung:
Der Abschlussprüfer hat bei börsennotierten Aktiengesellschaften im Rahmen der Abschlussprüfung zu beurteilen, ob der Vorstand die nach § 91 Abs. 2 AktG erforderlichen Maßnahmen in einer geeigneten Form getroffen hat und ob das danach einzurichtende Überwachungssystem seine Aufgaben erfüllen kann. Dabei muss der Abschlussprüfer auch darauf eingehen, ob Maßnahmen erforderlich sind, um das interne Überwachungssystem zu verbessern. Bei Gesellschaften, bei denen § 317 Abs. 4 HGB nicht anzuwenden ist, kann die Prüfung des Risikofrüherkennungssystems Gegenstand einer vertraglichen Erweiterung des Prüfungsauftrags sein.

Das Risikofrüherkennungssystem i.S.v. § 91 Abs. 2 AktG ist auf die Früherkennung bestandsgefährdender Entwicklungen und damit auf einen wichtigen Teilaspekt des Risikomanagements ausgerichtet. Es hat sicherzustellen, dass diejenigen Risiken und deren Veränderungen erfasst werden, die in der jeweiligen Situation des Unternehmens dessen Fortbestand gefährden können. Da derartige Risiken früh erkannt werden sollen, muss das Risikofrüherkennungssystem geeignet sein, die Risiken so rechtzeitig zu erfassen und die Information darüber an die zuständigen Entscheidungsträger weiterzuleiten, dass diese in geeigneter Weise reagieren können und der Vorstand über Risiken, die allein oder im Zusammenwirken mit anderen Risiken bestandsgefährdend werden können, informiert wird. Die Reaktionen des Vorstands auf erfasste und kommunizierte Risiken selbst sind nicht Gegenstand der Maßnahmen i.S.d. § 91 Abs. 2 AktG und damit auch nicht Gegenstand der Prüfung nach § 317 Abs. 4 HGB. Ebenso gehört die Beurteilung, ob die von den nachgeordneten Entscheidungsträgern eingeleiteten oder durchgeführten Handlungen zur Risikobewältigung bzw. der Verzicht auf solche sachgerecht oder wirtschaftlich sinnvoll sind, nicht zur Prüfung des Risikofrüherkennungssystems.

ISA:
./.

Verweise:
– IDW PS 400: Grundsätze für die ordnungsmäßige Erteilung von Bestätigungsvermerken bei Abschlussprüfungen
– IDW PS 450: Grundsätze ordnungsmäßiger Berichterstattung bei Abschlussprüfungen
– IDW PS 322 n. F.: Ob die in einem bestimmten Unternehmensbereich getroffenen Maßnahmen nach § 91 Abs. 2 AktG geeignet sind, kann vielfach nur unter Berücksichtigung von Beurteilungen anderer Sachverständiger festgestellt werden, z.B. Verwertung der Ergebnisse eines Umweltgutachters bei der Beurteilung von Umweltrisiken.
– IDW PS 320 n. F.: Kommunikation mit dem Teilbereichsprüfer und Verwertung von dessen Ergebnissen

IDW PS 340: Die Prüfung des Risikofrüherkennungssystems nach § 317 Abs. 4 HGB

Pflichten (1 f.)

Vorstand	Muss geeignete Maßnahmen treffen, insbesondere durch die Einrichtung eines Überwachungssystems, damit den Fortbestand der Gesellschaft gefährdende Entwicklungen früh erkannt werden (Risikofrüherkennungssystem) (§ 91 II AktG)
Abschlussprüfer	Muss bei börsennotierten AGs beurteilen, ob der Vorstand die geeigneten Maßnahmen zur Risikofrüherkennung getroffen hat, das Überwachungssystem seine Aufgaben erfüllen kann und ggf. Verbesserungsmaßnahmen notwendig sind (§ 317 IV HGB)

Abgrenzung des Risikofrüherkennungssystems vom gesamten Risikomanagementsystem (3 ff.)

Risikomanagementsystem	Risikofrüherkennungssystem i.S.v. § 91 II AktG
Gesamtheit aller organisatorischen Regelungen und Maßnahmen zur Risikoerkennung und zum Umgang mit den Risiken unternehmerischer Betätigung, insbesondere » Erfassung, Analyse und Bewertung von Risiken, » Kommunikation von Risiken an zuständige Entscheidungsträger (bestandsgefährdende Risiken sind bis zum Vorstand weiterzuleiten), » Überwachung der Einhaltung der getroffenen Maßnahmen, » Reaktionen des Vorstands auf erfasste, analysierte und kommunizierte Risiken.	Teil des gesamten Risikomanagementsystems, welches auf die Früherkennung bestandsgefährdender Entwicklungen ausgerichtet ist

Wesentliche Bestandteile des RFS:	Keine Bestandteile des RFS
» Erfassung von Risiken und deren Veränderungen, die den Fortbestand des Unternehmens gefährden können » Diese Risiken sind so rechtzeitig zu erfassen und zu kommunizieren, dass die zuständigen Entscheidungsträger (inkl. Vorstand) in geeigneter Weise reagieren können	» Reaktionen des Vorstands auf erfasste und kommunizierte Risiken » Beurteilung, ob eingeleitete oder durchgeführte Handlungen zur Risikobewältigung bzw. deren Verzicht sachgerecht oder wirtschaftlich sinnvoll sind

IDW PS 340

Risikofrüherkennungssystem als Prüfungsgegenstand

Festlegung von Risikofeldern (7 f.)
- » Die Maßnahmen des Risikofrüherkennungssystem sind auf alle Unternehmensbereiche (betriebliche Funktionen und Prozesse) zu erstrecken
- » Für die jeweiligen Prozesse und Bereiche ist eine Definition der Risiken vorzunehmen, die zu einer Bestandsgefährdung des Unternehmens führen können

Risikoerkennung und Risikoanalyse (9 f.)
- » Risikoerkennung und -analyse (Risikoerfassung) für im Vorhinein definierte Risiken sowie Auffälligkeiten oder Risiken, die keinem vorab definierten Erscheinungsbild entsprechen → setzt ein angemessenes Risikobewusstsein aller Mitarbeiter voraus
- » Risikoanalyse beinhaltet die Analyse der Eintrittswahrscheinlichkeit und der quantitativen Auswirkungen der erkannten Risiken (u.a. auch das Zusammenwirken oder die Kumulation mehrerer Risiken beachten)

Risikokommunikation (11 f.)
- » Informationen über nicht bewältigte Risiken sind an zuständige Entscheidungsträger weiterzuleiten
- » Für jede Stufe der Risikokommunikation sind Schwellenwerte zu definieren → deren Überschreiten löst eine Berichtspflicht aus
- » Abhängig von der Art und Bedeutung des Risikos sind die zeitlichen Abstände der Berichterstattung und die Empfänger zu bestimmen

Verantwortlichkeiten und Aufgaben (13 f.)
- » Jeder Unternehmensbereich ist für die Erfassung der dort auftretenden Risiken, deren Bewältigung und bei Nichtbewältigung für die Weiterleitung der Information an die Berichtsempfänger verantwortlich
- » Informationsaustausch zwischen den Unternehmensbereichen über gemeldete Risiken
- » Verantwortung für den Informationsaustausch tragen die Berichtsempfänger der jeweiligen Unternehmensbereiche

Einrichtung eines Überwachungssystems (15 f.)
- » Dient der Überwachung der Einhaltung der eingerichteten Maßnahmen zur Erfassung und Kommunikation bestandsgefährdender Risiken
- » Überwachung der Maßnahmen erfolgt in zwei Stufen:
  1. durch in die Abläufe fest eingebaute Kontrollen
  2. durch die Interne Revision

Dokumentation der Maßnahmen (17 f.)
- » Sämtliche Maßnahmen, einschließlich des Überwachungssystems, müssen angemessen dokumentiert werden, z.B. im Risikohandbuch
- » Eine fehlende oder unvollständige Dokumentation führt zu Zweifeln an der dauerhaften Funktionsfähigkeit der getroffenen Maßnahmen

IDW PS 340

<table>
<tr><td rowspan="3">Prüfungsplanung</td><td>**Prüfung der Maßnahmen des Risikofrüherkennungssystems (19 ff.)**</td></tr>
<tr><td>
Ziele (22)

» Erlangung eines ausreichenden Verständnisses über die im Risikofrüherkennungssystem getroffenen Maßnahmen
» Analyse der Grundeinstellung der Unternehmensleitung zur Risikosteuerung sowie des Risikobewusstseins der Unternehmensleitung und der Mitarbeiter des Unternehmens
</td></tr>
<tr><td>
Prüfungshandlungen (20 ff.)

» Einbeziehung der im Rahmen der Prüfungsplanung zur Abschlussprüfung erworbenen Kenntnisse der Geschäftstätigkeit sowie des wirtschaftlichen und rechtlichen Umfelds
» Analyse der inhärenten Risiken und Feststellung, ob organisatorische Maßnahmen zur Begrenzung dieser Risiken eingerichtet sind
» Würdigung der eingerichteten Maßnahmen zur Schulung der Mitarbeiter (Wurden die Mitarbeiter mit ihren Aufgaben vertraut gemacht? Wurde die Bedeutung der Risikoerfassung und -kommunikation auf allen hierarchischen Ebenen verdeutlicht?)
» Berücksichtigung, ob eine Dokumentation der Maßnahmen vorliegt und ob diese für die Zwecke der Prüfung geeignet ist
</td></tr>
<tr><td rowspan="3">Prüfungsdurchführung</td><td>
Feststellung der getroffenen Maßnahmen (24 f.)

Feststellung der getroffenen Maßnahmen des Risikofrüherkennungssystems anhand der vom Unternehmen erstellten Dokumentation
</td></tr>
<tr><td>
Beurteilung der Eignung der getroffenen Maßnahmen (26 ff.)

Prüfung und Beurteilung, ob
» alle wesentlichen Risiken bzw. Risikoarten vom System zutreffend und frühzeitig erfasst, bewertet und kommuniziert werden
» dies durch eine verantwortliche Stelle geregelt ist
» alle wesentlichen Risikofelder durch die identifizierten Risiken bzw. Risikoarten abgedeckt sind
» die organisatorischen Maßnahmen ausreichend sind, um das Bewusstsein der Mitarbeiter für die Bedeutung der Risikoerfassung und -kommunikation zu schärfen und sie die Handlungsanweisungen verstanden haben
» die in den Unternehmensbereichen integrierten Kontrollmaßnahmen und die Prüfungen der Internen Revision ausreichend sind, um die Funktionsfähigkeit des Systems zu gewährleisten

Zur Beurteilung der Eignung der Maßnahmen sind bei bestimmten Risiken ggf. Sachverständige hinzuzuziehen (IDW PS 322 n.F.)
</td></tr>
</table>

IDW PS 340

Prüfungsdurchführung

Prüfung der Einhaltung der vorgesehenen Maßnahmen (31)

Stichprobenprüfung der Wirksamkeit und kontinuierlichen Anwendung der getroffenen Maßnahmen nach den allgemeinen Grundsätzen einer Systemprüfung

Es kommen u.a. folgende Funktionsprüfungen in Betracht:
- » Durchsicht von Unterlagen zur Risikoerfassung
- » Durchsicht der Unterlagen zur Risikokommunikation auf den verschiedenen hierarchischen Ebenen und in unterschiedlichen Funktionsbereichen
- » Befragungen und Beobachtungen zur Einhaltung der eingerichteten Kontrollmaßnahmen
- » Durchsicht von Prüfungsprogrammen und Arbeitspapieren der Internen Revision

Berichterstattung

Prüfungsbericht (32 f.)

- » Das Ergebnis der Prüfung des Risikofrüherkennungssystems ist in einem besonderen Teil des Prüfungsberichts darzustellen
- » Sofern Maßnahmen i.S.d. § 91 II AktG nicht eingerichtet sind oder das Risikofrüherkennungssystem nicht dokumentiert ist, ist hierauf im Prüfungsbericht hinzuweisen

Bestätigungsvermerk (32 f.)

Mängel bei den vom Vorstand nach § 91 II AktG getroffenen Maßnahmen haben als solche keine Auswirkung auf den BestV

Besonderheiten bei Konzernen

Anforderungen (34 ff.)

- » Überwachungs- und Organisationspflicht von Mutterunternehmen i.S.d. § 290 HGB ist konzernweit zu verstehen
- » Maßnahmen zur Risikoerkennung, Risikoanalyse und Risikokommunikation sind im gesamten Konzern sicherzustellen

Prüfung (37)

- » Die getroffenen Maßnahmen zur konzernweiten Erfassung und Kommunikation der für das Mutterunternehmen bestandsgefährdenden Risiken sind in die Prüfung einzubeziehen
- » Zur Kommunikation mit Teilbereichsprüfern und der Verwertung von deren Ergebnissen vgl. IDW PS 320 n.F.

IDW PS 345
IDW Prüfungsstandard: Auswirkungen des Deutschen Corporate Governance Kodex auf die Abschlussprüfung

Zusammenfassung:
Vorstand und Aufsichtsrat einer börsennotierten Gesellschaft haben außerhalb des Jahres- bzw. Konzernabschlusses jährlich zu erklären, dass den Verhaltensempfehlungen des Deutschen Corporate Governance Kodex (DCGK) entsprochen wurde und wird bzw. welche Verhaltensempfehlungen nicht angewendet wurden oder werden und warum nicht (sog. Entsprechenserklärung, § 161 Abs. 1 Satz 1 AktG). Im Anhang zum Jahres- bzw. Konzernabschluss ist anzugeben, dass die Entsprechenserklärung abgegeben und wo sie öffentlich zugänglich gemacht worden ist (§§ 285 Nr. 16, 314 Abs. 1 Nr. 8 HGB). Gleiches gilt nach § 161 Abs. 1 Satz 2 AktG für Vorstand und Aufsichtsrat einer Gesellschaft, die ausschließlich andere Wertpapiere als Aktien zum Handel an einem organisierten Markt i.S.d. § 2 Abs. 5 WpHG ausgegeben hat und deren ausgegebene Aktien auf eigene Veranlassung über ein multilaterales Handelssystem i.S.d. § 2 Abs. 3 Satz 1 Nr. 8 WpHG gehandelt werden. Zusätzlich ist die Entsprechenserklärung in die Erklärung zur Unternehmensführung aufzunehmen, welche börsennotierte und bestimmte andere Aktiengesellschaften abzugeben haben (§ 289a Abs. 1 HGB).
Aufgabe des Abschlussprüfers ist es, im Rahmen der Prüfung des Jahres- bzw. Konzernabschlusses festzustellen, ob die Angabe zur Entsprechenserklärung im Anhang enthalten, vollständig und zutreffend ist, ohne dass der Inhalt der Entsprechenserklärung Gegenstand der Abschlussprüfung wird. Letzteres gilt auch für den Fall, dass die Erklärung als Teil der Erklärung zur Unternehmensführung in den Lagebericht aufgenommen wird (§ 317 Abs. 2 Satz 4 HGB). Inhaltlich sehen die Verhaltensempfehlungen in Abschnitt 7.2 des DCGK darüber hinaus u.a. vor, dass der Aufsichtsrat von dem vorgesehenen Abschlussprüfer im Vorfeld der Unterbreitung des Wahlvorschlags an die Hauptversammlung eine so genannte Unabhängigkeitserklärung einholen und mit dem bestellten Abschlussprüfer zusätzliche Informationspflichten vereinbaren soll.

ISA:
./.

Verweise:
– *Deutscher Corporate Governance Kodex:* Veröffentlichung unter www.bundesanzeiger.de
– *IDW PS 400:* Grundsätze für die ordnungsmäßige Erteilung von Bestätigungsvermerken bei Abschlussprüfungen
– *IDW PS 450:* Grundsätze ordnungsmäßiger Berichterstattung bei Abschlussprüfungen
– *IDW PS 220:* Vereinbarung von zusätzlichen Informationspflichten bei der Beauftragung des Abschlussprüfers
– *IDW PS 202:* Kritisches Lesen des Corporate Governance Berichts, wenn dieser eine zusätzliche Information im Geschäftsbericht ist
– *IDW RS HFA 36:* Anhang-Angaben nach §§ 285 Nr. 17, 314 Abs. 1 Nr. 9 HGB über das Abschlussprüferhonorar

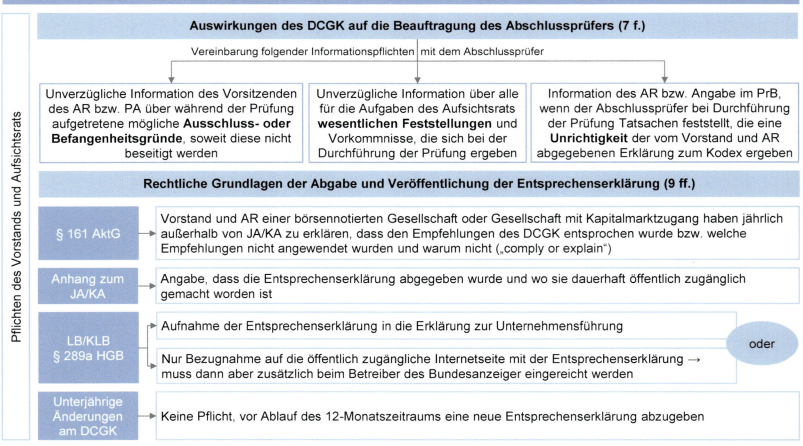

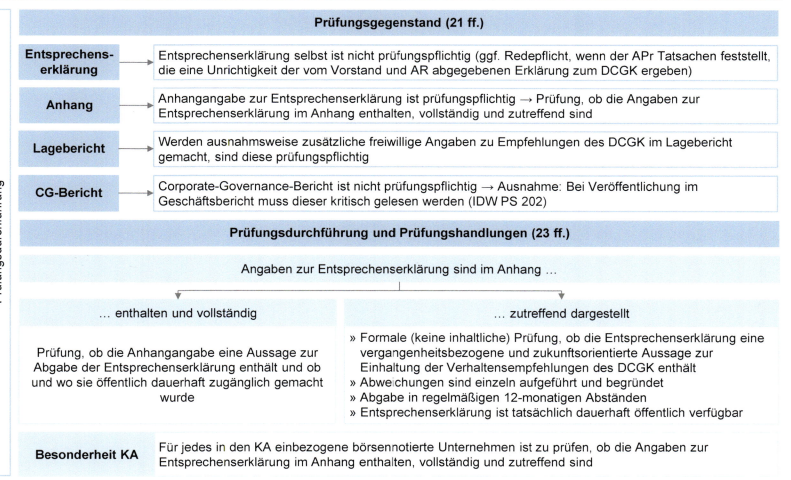

Berichterstattung (30 ff.)

	Bestätigungsvermerk (30)	Prüfungsbericht (32)
Sind die Anhangangaben zur Entsprechenserklärung vorhanden, vollständig und zutreffend? — **Ja** →	Keine gesonderte Bestätigung im BestV →	Keine Berichterstattung
— **Nein** →	Einschränkung des BestV →	Berichterstattung im Rahmen der Ausführungen zur Ordnungsmäßigkeit
Feststellung von unzutreffenden Aussagen in der Entsprechenserklärung →	Keine Auswirkung auf den BestV →	Redepflicht des APr

Unabhängigkeitserklärung (36 ff.)

AR bzw. PA soll vor der Unterbreitung des Wahlvorschlags an die HV eine Unabhängigkeitserklärung des für den Wahlvorschlag vorgesehenen WP bzw. der WPG einholen

Empfänger der Erklärung (38)

Grundsätzlich: Vorsitzender des AR; Ausnahme: Aufforderung zur Abgabe an den Vorsitzenden des PA

Inhalt der Erklärung (39 ff.)

| Angaben zu geschäftlichen, finanziellen, persönlichen und sonstigen Beziehungen (39 ff.) | Honorarangaben (49 ff.) | Sonstige Erklärungen (54) |

Im Verlauf der Prüfung eintretende unabhängigkeitsrelevante Tatbestände (55)

APr muss während der Prüfung sicherstellen, dass keine Ausschlussgründe (§§ 319, 319a, 319b HGB) eintreten oder die Besorgnis der Befangenheit begründet wird → ansonsten unverzügliche Unterrichtung des Vorsitzenden des AR bzw. PA

IDW PS 350 n. F.
IDW Prüfungsstandard: Prüfung des Lageberichts im Rahmen der Abschlussprüfung (Stand: 12.12.2017)

Zusammenfassung:

Mit *IDW PS 350 n. F.* wird die Methode zur Prüfung des Lageberichts vor allem unter Berücksichtigung von DRS 20, des CSR-Richtlinie-Umsetzungsgesetzes, des Entgelttransparenzgesetzes, des Bilanzrichtlinie-Umsetzungsgesetzes und Erfahrungen aus der Anwendung von DRS 20 fortentwickelt.

IDW PS 350 n. F. enthält nunmehr eine weitgehend geschlossene Darstellung der Anforderungen an die Prüfung des Lageberichts im Rahmen der Abschlussprüfung und berücksichtigt die enge Verzahnung mit der Prüfung des Abschlusses. Wesentliche Änderungen gegenüber der bisherigen Fassung (*IDW PS 350*) bestehen darin, dass der Aufbau und Inhalt der Verlautbarung stärker risiko- und prozessorientiert ist. Dazu gehört ein stärkerer Fokus auf die Befassung des Abschlussprüfers mit den Vorkehrungen und Maßnahmen (Systemen) zur Aufstellung des Lageberichts, die je nach Größe und Komplexität des Unternehmens unterschiedlich formalisiert sein werden. Daneben werden die Anforderungen an die Prüfung der zukunftsorientierten Bestandteile (Chancen- und Risikobericht, Prognosebericht) konkretisiert sowie der Umgang mit im Lagebericht enthaltenen lageberichtsfremden Angaben, lageberichtstypischen Angaben, für die keine gesetzliche Pflicht zur inhaltlichen Prüfung besteht, nicht prüfbaren Angaben sowie Querverweisen geregelt. Anwendungshinweise und Erläuterungen ergänzen den *IDW Prüfungsstandard*.

Pflicht zur Anwendung:

IDW PS 350 n. F. gilt für die Prüfung von Lageberichten für Berichtszeiträume, die am oder nach dem 15.12.2018 beginnen, mit der Ausnahme von Rumpfgeschäftsjahren, die vor dem 31.12.2019 enden.

Kreis der Unternehmen:

Alle Unternehmen.

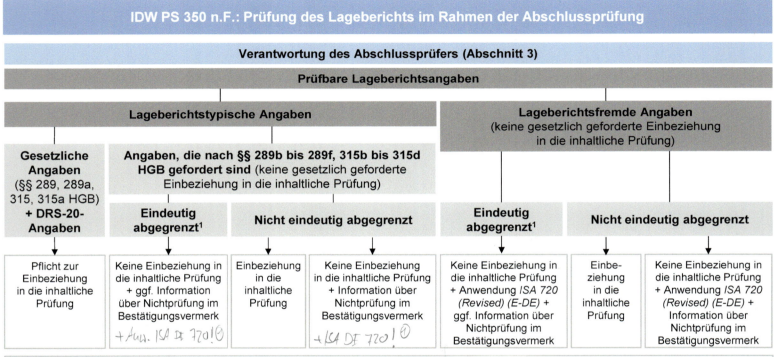

IDW PS 350 n.F.

Beachtung bestimmter Anforderungen an die Abschlussprüfung (Abschnitt 7)	Planung der Prüfung des Lageberichts (Abschnitt 8)	Wesentlichkeit bei der Planung und Durchführung der Prüfung des Lageberichts (Abschnitt 9)
» *IDW PS 200* und *IDW PS 201* » Einschlägige Grundsätze von *IDW PS 210, IDW PS 300 n.F., IDW PS 321, IDW PS 322 n.F.* und *IDW PS 470 n.F.*	» Integration der Planungsaktivitäten zur Prüfung des Lageberichts in die Planung der Abschlussprüfung nach *IDW PS 240* » Ggf. Entscheidung über die Prüfung lageberichtsfremder Angaben sowie lageberichtstypischer Angaben, für die keine gesetzliche Pflicht zur inhaltlichen Prüfung besteht	» Für die Festlegung und Anwendung der Wesentlichkeit bei der Prüfung der im Lagebericht dargestellten quantitativen vergangenheitsorientierten Finanzinformationen zur VFE-Lage = Zugrundelegen der Wesentlichkeiten für den Abschluss » Ansonsten = Wesentlichkeitsüberlegungen zumindest auf Ebene der sog. Informationskategorien » Ggf. Anpassung der Wesentlichkeitsüberlegungen unter Berücksichtigung der Planungsrechnung

Risiken wesentlicher falscher Darstellungen im Lagebericht (Abschnitt 10)

Prüfungshandlungen zur Risikobeurteilung	Gewinnung eines Verständnisses von dem Unternehmen und dessen Umfeld	Erlangung eines Verständnisses von den relevanten Vorkehrungen und Maßnahmen (Systeme)	Identifikation und Beurteilung der Risiken wesentlicher falscher Darstellungen

» Lageberichtsebene (insgesamt)
» Aussageebene (zumindest auf Ebene der sog. Informationskategorien; ggf. für Angabegruppen oder Einzelangaben)
  » Vollständigkeit
  » Richtigkeit
  » Darstellung
» Einschließlich quantitativer und qualitativer Aspekte der Angaben
	» Zugrundelegung des bei der Prüfung des Abschlusses zu erlangenden Verständnisses auch bei der Prüfung des Lageberichts
	» Falls nicht ausreichend: Verschaffen des erforderlichen Verständnisses
		» Befassung mit dem Prozess zur Aufstellung des Lageberichts
		» Umfasst auch die Beurteilung der Angemessenheit der Systeme
		» Auch in Bezug auf die Erfassung und Bewertung von Chancen bzw. Risiken der künftigen Entwicklung und ggf. den Umgang mit ihnen sowie in Bezug auf wesentliche prognostische Angaben
			» Lageberichtsebene (insgesamt)
			» Aussageebene (zumindest auf Ebene der sog. Informationskategorien; ggf. für Angabegruppen oder Einzelangaben)
			  » Vollständigkeit
			  » Richtigkeit
			  » Darstellung
			» Einschließlich quantitativer und qualitativer Aspekte der Angaben

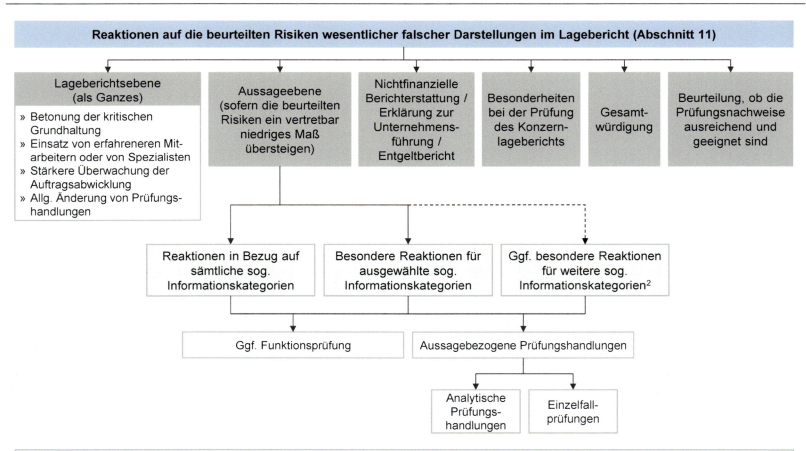

Reaktionen auf Aussageebene in Bezug auf sämtliche Informationskategorien (Abschnitt 11.2.1)

» Planung und Durchführung von Prüfungshandlungen, deren Art, Umfang und Zeitpunkt auf den beurteilten Risiken wesentlicher falscher Darstellungen basieren und auf diese ausgerichtet sind
» Zumindest auf Ebene der sog. Informationskategorien; ggf. für Angabegruppen oder Einzelangaben

Besondere Reaktionen auf Aussageebene für ausgewählte Informationskategorien (Abschnitt 11.2.2)

Ziele und Strategien	Steuerungssystem	Rahmenbedingungen	Geschäftsverlauf	VFE-Lage	Grundzüge des Vergütungssystems	Übernahmerelevante Angaben und Angaben zu eigenen Aktien

Prognosebericht

» Nachvollziehen der den Prognosen zugrunde liegenden bedeutsamen Annahmen und Beurteilung der Vertretbarkeit dieser Annahmen
» Beurteilung der sachgerechten Ableitung der prognostischen Angaben aus den ihnen zugrunde liegenden Annahmen
» Keine Abgabe eines eigenständigen Prüfungsurteils zu den zukunftsorientierten Angaben oder zu den zugrunde liegenden Annahmen

Chancen- und Risikobericht

» Beurteilung, ob die wesentlichen Chancen und Risiken der künftigen Entwicklung vollständig im Lagebericht angegeben sind
» Würdigung, ob die dargestellten Chancen und Risiken mit anderen zur Kenntnis gelangten relevanten Informationen in Einklang stehen
» Nachvollziehen der Tragweite anhand geeigneter Informationen und Beurteilung der zutreffenden Darstellung der Chancen und Risiken im Lagebericht

Nichtfinanzielle Berichterstattung – ohne inhaltliche Prüfung (Abschnitt 11.3)

» Prüfung, ob die nichtfinanzielle (Konzern-)Erklärung oder der gesonderte nichtfinanzielle (Konzern-)Bericht vorgelegt wurde
» Im Falle der Veröffentlichung eines gesonderten nichtfinanziellen (Konzern-)Berichts auf der Internetseite:
  » Feststellung, ob der Lagebericht auf diese Veröffentlichung unter Angabe der Internetseite Bezug nimmt
  » Ergänzende Prüfung vier Monate nach dem Abschlussstichtag, ob der Bericht vorgelegt wurde

(Konzern-)Erklärung zur Unternehmensführung – ohne inhaltliche Prüfung (Abschnitt 11.3)

Aufnahme in den Lagebericht	Veröffentlichung auf der Internetseite
Aufnahme in gesonderten Abschnitt des Lageberichts?	Enthält der Lagebericht eine Bezugnahme auf die Internetseite? Existiert die Seite und ist sie öffentlich zugänglich?

Prüfung der Angaben beschränkt sich darauf, ob die Angaben gemacht wurden

IDW PS 350 n. F.

Beurteilung der festgestellten, nicht korrigierten falschen Darstellungen im Lagebericht (Abschnitt 12)

» Beurteilung der Auswirkungen auf die Prüfungsdurchführung, den Lagebericht und ggf. den Abschluss sowie die diesbezüglichen Prüfungsurteile
» Pflicht, das Unternehmen aufzufordern, die festgestellten falschen Darstellungen zu korrigieren
» Abschließende Würdigung, ob die festgestellten, nicht korrigierten falschen Darstellungen insgesamt wesentlich sind

Ereignisse nach dem Abschlussstichtag (Abschnitt 13)

» Beachtung der die Prüfung des Lageberichts betreffenden Grundsätze gemäß *IDW PS 203 n.F.*

Schriftliche Erklärungen (Abschnitt 14)

» Feststellung, ob die Vollständigkeitserklärung und der Nachweis zur Gesamtverantwortung auch die Angaben im Lagebericht umfassen
» Ggf. Einholung weiterer schriftlicher Erklärungen der gesetzlichen Vertreter oder anderer Parteien

Dokumentation (Abschnitt 15)

» Dokumentation ist so zu erstellen, dass ein erfahrener, nicht mit der Prüfung des Lageberichts befasster Prüfer in der Lage ist, zu verstehen:
  » Art, Zeitpunkt und Umfang der durchzuführenden Prüfungshandlungen
  » Ergebnisse der durchgeführten Prüfungshandlungen und die erlangten Prüfungsnachweise
  » bedeutsame Sachverhalte der Prüfung, hierzu getroffene Feststellungen sowie vorgenommene bedeutsame Beurteilungen, um diese Feststellungen zu treffen
» Zu dokumentieren ist auch der Umgang mit Unstimmigkeiten, wenn erlangte Informationen im Widerspruch zu einer getroffenen endgültigen Feststellung zu einem bedeutsamen Sachverhalt stehen
» Ggf. Dokumentation der Überprüfung der Arbeit von Teilbereichsprüfern
» Abschluss der Prüfungsakte spätestens 60 Tage nach dem Datum des Bestätigungsvermerks; in Ausnahmefällen spätere Änderung oder Ergänzung der Dokumentation unter bestimmten Bedingungen

IDW PS 350 n. F.

Bildung eines Prüfungsurteils zum Lagebericht (Abschnitt 16)

» Bildung eines Prüfungsurteils, ob der Lagebericht in Übereinstimmung mit den maßgebenden Rechnungslegungsgrundsätzen aufgestellt ist, d.h. ob
  » der Lagebericht insgesamt ein zutreffendes Bild von der Lage des Unternehmens vermittelt und ob
  » der Lagebericht in allen wesentlichen Belangen
    » mit dem Abschluss in Einklang steht,
    » den deutschen gesetzlichen Vorschriften entspricht und
    » die Chancen und Risiken der zukünftigen Entwicklung zutreffend darstellt

Berichterstattung des Abschlussprüfers (Abschnitt 17)

Prüfungsbericht
IDW PS 450 n.F.

Bestätigungsvermerk
IDW PS 400er-Reihe, IDW EPS 270 n.F. und ISA 720 (Revised) (E-DE)

Abschnitt „Prüfungsurteile"
» Pflicht zur Information über Nichtprüfung bei nicht eindeutig abgegrenzten
  » nicht inhaltlich geprüften lageberichtstypischen Angaben
  » lageberichtsfremden Angaben
» Art des Prüfungsurteils → uneingeschränkt, eingeschränkt, versagt oder Erklärung der Nichtabgabe
(vgl. Anhang 1, 2 und 3 sowie IDW PS 400 n.F. und IDW PS 405)

Abschnitt „Sonstige Informationen"
» Anwendung von ISA 720 (Revised) (E-DE) auf inhaltlich nicht geprüfte lageberichts-fremde Angaben
(vgl. Anhang 2 und 3)

Abschnitt „Wesentliche Unsicherheit"
» Für die Berichterstattung über im Lagebericht dargestellte wesentliche Unsicherheiten im Zusammenhang mit der Fortführung der Unternehmenstätigkeit (= bestandsgefährdende Risiken) gilt IDW EPS 270 n.F.

Abschnitt „Hinweis(e)"
» Hinweis zur Hervorhebung eines Sachverhalts
» Hinweis auf einen sonstigen Sachverhalt
» Hinweis zur Nachtragsprüfung
(vgl. IDW PS 406)

IDW PS 400
IDW Prüfungsstandard: Grundsätze für die ordnungsmäßige Erteilung von Bestätigungsvermerken bei Abschlussprüfungen

Zusammenfassung:
Der Bestätigungsvermerk enthält ein klar und schriftlich zu formulierendes Gesamturteil über das Ergebnis der nach geltenden Berufsgrundsätzen pflichtgemäß durchgeführten Prüfung. Verantwortlich beurteilt wird die Übereinstimmung der Buchführung, des Jahresabschlusses und des Lageberichts mit den jeweiligen für das geprüfte Unternehmen geltenden Vorschriften. Der Bestätigungsvermerk beinhaltet somit u.a. eine Beurteilung, ob die wirtschaftliche Lage sowie die Chancen und Risiken der zukünftigen Entwicklung im Jahresabschluss und im Lagebericht unter Berücksichtigung der für das geprüfte Unternehmen geltenden Vorschriften zutreffend abgebildet wurden.
Der Bestätigungsvermerk enthält die folgenden Grundbestandteile:
- Überschrift,
- einleitender Abschnitt,
- beschreibender Abschnitt,
- Beurteilung durch den Abschlussprüfer,
- ggf. Hinweis zur Beurteilung des Prüfungsergebnisses und
- ggf. Hinweis auf Bestandsgefährdungen.

Er ist – ebenso wie der Versagungsvermerk – unter Angabe von Ort und Datum eigenhändig zu unterzeichnen und zu siegeln.
Ein Bestätigungsvermerk darf erst erteilt werden, nachdem die nach pflichtgemäßem Ermessen des Abschlussprüfers für die Beurteilung erforderliche Prüfung materiell abgeschlossen ist.

Das Prüfungsergebnis hat sachverhaltsabhängig eine der folgenden Formen:
- uneingeschränkter Bestätigungsvermerk
- eingeschränkter Bestätigungsvermerk
- Versagungsvermerk
  - aufgrund von Einwendungen
  - aufgrund von gravierenden Prüfungshemmnissen

ISA:
ISA 700 „Forming an Opinion and Reporting on Financial Statements"

Verweise:
- *IDW PS 270:* Die Beurteilung der Fortführung der Unternehmenstätigkeit im Rahmen der Abschlussprüfung
- *IDW PS 450:* Grundsätze ordnungsmäßiger Berichterstattung bei Abschlussprüfungen

IDW PS 400: Grundsätze für die ordnungsmäßige Erteilung von BestV bei Abschlussprüfungen

Allgemeine Grundsätze für die Erteilung von Bestätigungsvermerken bei JAP

Gesamturteil (8 ff.)

Abschließende Würdigung, ob die Buchführung und der JA sowie der LB den gesetzlichen Vorschriften einschließlich der GoB oder im Falle entsprechender Beauftragung internationalen oder anderen nationalen Rechnungslegungsgrundsätzen sowie eventuellen Bestimmungen der Satzung bzw. des Gesellschaftsvertrags entsprechen

Gesamturteil kann nicht erlangt werden
Klärung, ob Voraussetzungen zur Kündigung aus wichtigem Grund vorliegen

Beurteilung weiterer Prüfungsgegenstände im Gesamturteil
» Wenn eine gesetzliche Regelung eine Aussage im BestV vorsieht
» Bei Erweiterungen aus Gesellschaftsvertrag, Satzung oder Prüfungsauftrag, die zusätzliche Normen für den JA/LB betreffen

Freiwilliger LB oder freiwilliger Anhang
In das Gesamturteil einbeziehen

Zeitpunkt der Erteilung (14)

Nachdem die nach pflichtgemäßem Ermessen des Abschlussprüfers für die Beurteilung erforderliche Prüfung materiell abgeschlossen ist

Offenlegung (15 f.)

» Keine Pflicht zur Prüfung der richtigen Offenlegung, Veröffentlichung oder Vervielfältigung → APr muss Richtigstellung veranlassen, wenn er von einer mit dem BestV versehenen unvollständigen oder abweichenden Veröffentlichung erfährt
» Macht ein Unternehmen von Offenlegungserleichterungen Gebrauch, so kann der Bestätigungsvermerk nur dann mit dem offen zu legenden JA offen gelegt werden, wenn von dem Unternehmen gleichzeitig darauf hingewiesen wird, dass sich der Bestätigungsvermerk auf den vollständigen JA bezieht
» Wird der JA in Veröffentlichungen und Vervielfältigungen nicht in der geprüften Form wiedergegeben, darf ein Bestätigungsvermerk nicht beigefügt werden

IDW PS 400

Inhalt und Bestandteile des Bestätigungsvermerks bei Jahresabschlussprüfungen

Grundbestandteile (17)

| Überschrift | Einleitender Abschnitt | Beschreibender Abschnitt | Beurteilung durch den Abschlussprüfer | ggf. Hinweis zur Beurteilung des Prüfungsergebnisses | ggf. Hinweis auf Bestandsgefährdungen |

Außerdem: Angabe von Ort und Datum, eigenhändige Unterschrift, Siegel

Überschrift (19 ff.)

» Überschrift „Bestätigungsvermerk" (Vermerk mit positiver Gesamtaussage) bzw. „Versagungsvermerk" (Vermerk über die Versagung des Bestätigungsvermerks)
» Gesetzliche Abschlussprüfung: keine Adressierung
» Freiwillige Abschlussprüfung: Adressierung an das Unternehmen

Einleitender Abschnitt (24 ff.)

» Gegenstand der Prüfung: Bestandteile des Jahresabschlusses, Buchführung und LB sowie Bezeichnung des geprüften Unternehmens und zugrunde liegenden Geschäftsjahrs
» Abgrenzung der Verantwortung des Abschlussprüfers von derjenigen der gesetzlichen Vertreter
» Bezeichnung der Rechnungslegungsvorschriften, nach denen der JA aufgestellt wurde

Beschreibender Abschnitt (28 ff.)

Beschreibung von Art und Umfang der Prüfung, u.a.
- » Beurteilung mit hinreichender Sicherheit, ob die Rechnungslegung frei von wesentlichen Mängeln ist, d.h. frei von Unrichtigkeiten und Verstößen, die sich auf die Darstellung des durch den JA unter Beachtung der GoB und durch den LB vermittelten Bildes der VFE-Lage wesentlich auswirken
- » Bezugnahme auf die vom IDW festgestellten deutschen GoA
- » ggf. Bezugnahme auf andere Prüfungsgrundsätze (sofern nicht im Widerspruch zu deutschen GoA)
- » Berücksichtigung der Kenntnisse über die Geschäftstätigkeit und das wirtschaftliche und rechtliche Umfeld
- » Beurteilung der Wirksamkeit des rechnungslegungsbezogenen IKS
- » Beurteilung der angewandten Bilanzierungsgrundsätze und wesentlichen Einschätzungen der gV

Beurteilung durch den Abschlussprüfer (37 ff.)

Inhalt des Prüfungsurteils (37 ff.)

- » Beurteilung, ob das geprüfte Unternehmen die maßgeblichen Rechnungslegungsgrundsätze beachtet hat, d.h. alle unmittelbar und mittelbar für die Rechnungslegung geltenden gesetzlichen Vorschriften einschließlich der GoB sowie ggf. einschlägiger Normen der Satzung oder des Gesellschaftsvertrags sowie entsprechender Gesellschafter- oder HV-Beschlüsse
- » Ist der Gegenstand der JAP durch gesetzliche Vorschriften über den JA und den LB hinaus erweitert und hierüber eine Aussage im Bestätigungsvermerk vorgesehen, ist das Prüfungsurteil hierzu im Anschluss an das Prüfungsurteil über den JA und den LB in einen gesonderten Absatz aufzunehmen

Formen des Prüfungsergebnisses (41 ff.)

- » Uneingeschränkter Bestätigungsvermerk
- » Eingeschränkter Bestätigungsvermerk
- » Versagungsvermerk
  - » aufgrund von Einwendungen
  - » aufgrund von gravierenden Prüfungshemmnissen

Inhalt und Bestandteile des Bestätigungsvermerks bei Jahresabschlussprüfungen

IDW PS 400

Uneingeschränkter Bestätigungsvermerk (42 ff.)	Eingeschränkter Bestätigungsvermerk (50 ff.)
Voraussetzungen: » Keine wesentlichen Beanstandungen gegen die Buchführung, den JA und den LB » Keine besonderen Umstände, aufgrund derer bestimmte wesentliche abgrenzbare oder nicht abgrenzbare Teile der Rechnungslegung nicht mit hinreichender Sicherheit beurteilt werden können (Prüfungshemmnisse)	**Voraussetzungen:** Zu den wesentlichen Teilen der Rechnungslegung ist ein Positivbefund möglich, insb. Vermittlung eines den tatsächlichen Verhältnissen im Wesentlichen entsprechendes Bild der VFE-Lage, aber es bestehen zum Zeitpunkt des Abschlusses der Prüfung: » wesentliche Beanstandungen gegen abgrenzbare Teile der Buchführung, des JA oder des LB, oder » besondere Umstände, aufgrund derer bestimmte abgrenzbare oder nicht abgrenzbare Teile der Rechnungslegung nicht mit hinreichender Sicherheit beurteilt werden können (Prüfungshemmnisse)
Besonderheiten: » Keine Aussagen zum LB, wenn kleine Kapitalgesellschaft keinen LB aufstellt » Vj-Abschluss nicht geprüft oder VersV erteilt: uneingeschränkter BestV kann bei materieller Richtigkeit des geprüften Abschlusses erteilt werden » Nichtkapitalgesellschaft: Bestätigung, dass der JA unter Beachtung der GoB ein den tatsächlichen Verhältnissen entsprechendes Bild der VFE-Lage vermittelt, ist nur möglich, wenn diese Anforderung auch erfüllt wird	**Formulierung der Einschränkung:** » Im Prüfungsurteil ist das Wort „Einschränkung" zu verwenden » Die Einschränkung ist eindeutig zu beschreiben und zu begründen » Soweit möglich und sachgerecht sind Zahlengaben zu verwenden **Besonderheiten:** » Eingeschränkt positive Gesamtaussage auch bei Nichtigkeit des JA möglich » Auftraggeber darf in den Auftragsbedingungen keine Prüfungshemmnisse auferlegen → anderenfalls nur Erteilung einer Bescheinigung möglich

Inhalt und Bestandteile des Bestätigungsvermerks bei Jahresabschlussprüfungen

Inhalt und Bestandteile des Bestätigungsvermerks bei Jahresabschlussprüfungen

Versagungsvermerk (65 ff.)

... aufgrund von Einwendungen

Voraussetzungen:
- Es sind wesentliche Beanstandungen gegen den JA zu erheben, die sich auf diesen als Ganzen auswirken, und
- die Beanstandungen sind so bedeutend oder zahlreich, dass eine Einschränkung des BestV nicht mehr angemessen ist, um die missverständliche oder unvollständige Darstellung im JA zu verdeutlichen

Formulierung:
Alle wesentlichen Gründe für die Versagung sind im ersten Absatz des Prüfungsurteils zu beschreiben und zu erläutern

... aufgrund von Prüfungshemmnissen

Voraussetzungen:
Der Abschlussprüfer ist nach Ausschöpfung aller angemessenen Möglichkeiten zur Klärung des Sachverhalts nicht in der Lage, zu einem – ggf. eingeschränkten – Prüfungsurteil mit positiver Gesamtaussage über den JA zu gelangen

Besonderheit:
Der beschreibende Abschnitt des BestV entfällt

Ggf. Hinweis zur Beurteilung des Prüfungsergebnisses (73 ff.)

- In Einzelfällen Hinweis auf solche Sachverhalte, auf die der APr trotz ordnungsgemäßer Darstellung durch die gV aufmerksam machen möchte
- Aber: Ein solcher Hinweis kann eine erforderliche Einschränkung oder Versagung des BestV nicht ersetzen

Ggf. Hinweis auf Bestandsgefährdungen (77 ff.)

- Auf Risiken, die den Fortbestand der Gesellschaft gefährden, und deren Darstellung im LB weist der APr in einem gesonderten Abschnitt nach dem Prüfungsurteil hin
- Aber: Ein solcher Hinweis kann nicht an die Stelle einer Einschränkung oder Versagung des BestV treten, falls eine solche aufgrund einer unzutreffenden Risikodarstellung im JA oder im LB geboten ist

Erfordernisse (80 ff.)

Erteilung des BestV/VersV
- » BestV ist unabhängig vom PrB und zeitgleich mit diesem zu erteilen; er ist in den PrB aufzunehmen
- » BestV ist auf dem JA anzubringen oder mit diesem und ggf. dem LB fest zu verbinden
- » Datierung auf den Tag, an dem die Prüfung des JA und LB materiell abgeschlossen ist
- » Angabe des Orts der beruflichen Niederlassung des APr bzw. der WPG
- » Eigenhändige Unterzeichnung durch den beauftragten Wirtschaftsprüfer
- » BestV ist mit dem Berufssiegel zu versehen

Besonderheiten bei Konzernabschlussprüfungen (88 ff.)

BestV bei Konzernabschlussprüfungen

Allgemein	Grundsätze zur Erteilung von Bestätigungsvermerken bei Jahresabschlussprüfungen gelten auch für Konzernabschlussprüfungen
Einleitender Abschnitt	» Bezeichnung der Rechnungslegungsgrundsätze, nach denen der KA aufgestellt worden ist » Es ist darzulegen, aus welchen Bestandteilen die Konzernrechnungslegung besteht
Beschreibender Abschnitt	Ergänzung des Prüfungsumfangs um die Prüfung » der Abgrenzung des Konsolidierungskreises, » der angewandten Konsolidierungsgrundsätze und » der in den Konzernabschluss einbezogenen Jahresabschlüsse

BestV bei Konzernabschlussprüfungen	**Beurteilung des Prüfungsergebnisses**	» Ggf. zusätzliche Ausführungen bei wesentlichen Unsicherheiten darüber, dass ein Zwischenabschluss für ein in den Konzernabschluss einbezogenes Unternehmen mit abweichendem Abschlussstichtag nicht aufgestellt wurde
		» Keine Hinweise auf die Verwertung der Prüfungsergebnisse anderer Abschlussprüfer
		» Einschränkungen oder Versagungen des BestV von in den KA einbezogenen JA führen nur dann zu Einwendungen gegen den KA, wenn
		  » die festgestellten Mängel der Einzelabschlüsse nicht im Rahmen der Konsolidierung behoben wurden und
		  » wenn sie für den KA von wesentlicher Bedeutung sind.
		» Auf Risiken, die den Fortbestand eines TU gefährden, braucht im BestV zum KA des MU nicht eingegangen zu werden, wenn das TU für die Vermittlung eines den tatsächlichen Verhältnissen entsprechenden Bildes der VFE-Lage des Konzerns nur von untergeordneter Bedeutung ist

	Offenlegung	Zusammenfassung der Vermerke des Abschlussprüfers bei gemeinsamer Bekanntmachung von KA und JA des MU nur möglich, wenn die Rechnungslegung gemeinsame Teile aufweist

Sonderfälle von BestV bei Abschlussprüfungen

Bedingte Erteilung von BestV (98 ff.)

Voraussetzung: Im geprüften Abschluss wurden bereits Sachverhalte berücksichtigt, die erst nach Abschluss der Prüfung wirksam werden

Erteilung BestV unter Vorbehalt	**Erteilung eines eingeschränkten BestV**
» Noch nicht erfüllte Bedingung ist in einem formgebundenen Verfahren inhaltlich bereits festgelegt und » zur rechtlichen Verwirklichung bedarf es noch der Beschlussfassung von Organen oder formeller Akte und » wenn die anstehende Erfüllung der Voraussetzung mit an Sicherheit grenzender Wahrscheinlichkeit erwartet werden kann.	Im JA sind unzulässigerweise Auswirkungen zukünftiger Ereignisse enthalten, die auch nach ihrem Eintritt nicht auf den zu prüfenden JA zurückwirken

IDW PS 400

Sonderfälle von BestV bei Abschlussprüfungen

Tatsachen nach Erteilung des BestV (104 ff.)

» Grundsatz: Nach Auslieferung des BestV keine Verpflichtung, den geprüften JA und LB weiterzuverfolgen

» Ausnahme: Dem APr werden nach Auslieferung Tatsachen bekannt, die bereits zum Zeitpunkt der Auslieferung bestanden und die zur Einschränkung/Versagung geführt hätten → APr hat das Unternehmen zu veranlassen, den Abschluss zu ändern

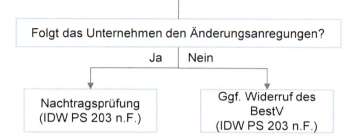

Folgt das Unternehmen den Änderungsanregungen?

- Ja → Nachtragsprüfung (IDW PS 203 n.F.)
- Nein → Ggf. Widerruf des BestV (IDW PS 203 n.F.)

IDW PS 400 n. F.
IDW Prüfungsstandard: Bildung eines Prüfungsurteils und Erteilung eines Bestätigungsvermerks (Stand: 30.11.2017)

Zusammenfassung:
Das Ziel des Abschlussprüfers ist es, auf der Grundlage der Beurteilung der aus den erlangten Prüfungsnachweisen gezogenen Schlussfolgerungen Prüfungsurteile zum Abschluss und – sofern einschlägig – zum Lagebericht bzw. zu sonstigen Prüfungsgegenständen zu bilden und diese Prüfungsurteile durch einen Bestätigungsvermerk schriftlich klar zum Ausdruck zu bringen.

IDW PS 400 n. F. bildet das Rahmenkonzept und regelt die Grundlagen für den Inhalt eines Bestätigungsvermerks mit nicht modifizierten Prüfungsurteilen. Ergänzende Vorschriften enthalten

- *IDW PS 270 n. F.* (bei wesentlicher Unsicherheit im Zusammenhang mit der Fortführung der Unternehmenstätigkeit),
- *IDW PS 401* (zur Darstellung von besonders wichtigen Prüfungssachverhalten bei PIE),
- *IDW PS 405* (bei Modifizierungen des Prüfungsurteils),
- *IDW PS 406* (zur Darstellung von Hinweisen im Bestätigungsvermerk) sowie
- *ISA 720 (Revised) (E-DE)* (zu Angaben im Bestätigungsvermerk über sonstige Informationen).

Der Bestätigungsvermerk nach *IDW PS 400 n. F.* führt zu einer Individualisierung der Berichterstattung und gilt grundsätzlich für Prüfungen von Abschlüssen bei allen Unternehmen. Der Bestätigungsvermerk enthält die folgenden Grundbestandteile:

- Prüfungsurteile über die Prüfung des Abschlusses und ggf. des Lageberichts,
- Grundlage für die Prüfungsurteile,
- ggf. Darstellung einer wesentlichen Unsicherheit im Zusammenhang mit der Fortführung des Unternehmens *(IDW PS 270 n. F.)*
- ggf. Darstellung von Hinweisen *(IDW PS 406)*,
- ggf. Darstellung besonders wichtige Prüfungssachverhalte (sog. KAM, *IDW PS 401*),
- ggf. Darstellung sonstiger Informationen *(ISA 720 (Revised) (E-DE))*,
- Verantwortung der gesetzlichen Vertreter (und des Aufsichtsrats) für den Abschluss und ggf. den Lagebericht,
- Verantwortung des Abschlussprüfers für die Prüfung des Abschlusses und des Lageberichts,
- ggf. weitere Darstellungen zu sonstigen gesetzlichen und anderen rechtlichen Anforderungen.

Verweise:
- *IDW PS 270 n. F.*: Die Beurteilung der Fortführung der Unternehmenstätigkeit im Rahmen der Abschlussprüfung,
- *IDW PS 401*: Mitteilung besonders wichtiger Prüfungssachverhalte im Bestätigungsvermerk,
- *IDW PS 405*: Modifizierungen des Prüfungsurteils im Bestätigungsvermerk,
- *IDW PS 406*: Hinweise im Bestätigungsvermerk,
- *ISA 720 (Revised) (E-DE)*: Verantwortlichkeiten des Abschlussprüfers im Zusammenhang mit sonstigen Informationen.

IDW PS 400 n.F.: Bildung eines Prüfungsurteils und Erteilung eines Bestätigungsvermerks

Einflussfaktoren für den Bestätigungsvermerk

Für alle Unternehmen: § 322 HGB	Für Unternehmen von öffentlichem Interesse i.S. von § 319a Abs. 1 Satz 1 HGB (PIE): **EU-APrVO**: Verordnung (EU) Nr. 537/2014	**ISA**

Prüfungsurteil zum Abschluss (13 ff., 23 ff., A13 ff.)

Der APr muss sich ein Prüfungsurteil zum Abschluss bilden und beurteilen, ob der Abschluss mit hinreichender Sicherheit frei von wesentlichen falschen Darstellungen ist.

Prüfungsurteil zum Lagebericht (19 f.)

Der APr muss sich unter Beachtung von IDW PS 350 n.F. ein Prüfungsurteil darüber bilden, ob der Lagebericht in allen wesentlichen Belangen in Übereinstimmung mit den maßgebenden Rechnungslegungsgrundsätzen aufgestellt ist.

Prüfungsurteil zu einem sonstigen Prüfungsgegenstand (21 f.)

Prüfungsurteile zu sonstigen Prüfungsgegenständen dürfen in den Bestätigungsvermerk nur dann aufgenommen werden, wenn eine Rechtsnorm die Aufnahme eines Prüfungsurteils in den Bestätigungsvermerk vorsieht. Über sonstige gesetzliche Erweiterungen des Prüfungsgegenstandes trifft der APr die Prüfungsaussagen ausschließlich im Prüfungsbericht.

Nur für PIE: Übrige Angaben gemäß Art. 10 APrVO (69, A66 ff.)

» Von welchem Organ der APr bestellt (gewählt und beauftragt) wurde
» Datum der Bestellung des APr und gesamte ununterbrochene Mandatsdauer
» Bestätigung der Übereinstimmung des Prüfungsurteils mit dem Prüfungsbericht
» Angabe der zusätzlich erbrachten Leistungen, die im Lagebericht oder in den Abschlüssen nicht angegeben wurden

	Aufbau und Bestandteile des Bestätigungsvermerks (30 ff., A22 ff.)	
Überschrift und Adressierung	Überschrift: **Bestätigungsvermerk des unabhängigen APr** (31)	
	Angabe des **Empfängers** (Regelfall: „An die [Gesellschaft]") (32)	
Vermerk über die Prüfung des Jahresabschlusses und des Lageberichts (33)	**Prüfungsurteile** über die Prüfung des Jahresabschlusses (34 ff.) und des Lageberichts (41 ff.)	
	Grundlage für die Prüfungsurteile (46 ff.)	
	Sofern relevant: Wesentliche Unsicherheit i.Z.m. der Fortführung der Unternehmenstätigkeit (IDW PS 270 n.F.)	
	Sofern relevant: Hinweis zur Hervorhebung eines Sachverhalts bzw. auf einen sonstigen Sachverhalt (IDW PS 406)	
	Nur für PIE: **Besonders wichtige Prüfungssachverhalte** (IDW PS 401)	
	Sofern relevant: **Sonstige Informationen** (ISA 720 (Revised) (E-DE); z.B. Bericht des AR, nichtfinanzielle Erklärung)	
	Verantwortung [der gesetzlichen Vertreter] für den Abschluss und den Lagebericht (53 ff.)	
	Verantwortung des APr für die Prüfung des Abschlusses und des Lageberichts (58 ff.)	
Sonstige gesetzliche und andere rechtliche Anforderungen	Sofern relevant: Vermerke über andere gesetzliche/rechtlich vorgeschriebene Prüfungen (z.B. § 6 EnwG) (66 ff.)	
	Nur für PIE: **Zusätzliche Angaben gemäß Art. 10 EU-APrVO** (69)	
	Nur für PIE: **Angabe des vorrangig verantwortlichen Wirtschaftsprüfers** (70)	
Datum, Unterschrift	**Ort der Niederlassung** (71), **Datum, Unterschriften (Siegel)** (72 ff.)	

Prüfungsurteile über die Prüfung des Jahresabschlusses (34 ff.) und des Lageberichts (41 ff.)

Benennung des Prüfungsgegenstandes (36 ff., 42 ff.)
» Beispiel: Wir haben den Jahresabschluss der ... [Gesellschaft] – bestehend aus der Bilanz zum ... [Datum] und der Gewinn- und Verlustrechnung für das Geschäftsjahr vom ... [Datum] bis zum ... [Datum] sowie dem Anhang, einschließlich der dort dargestellten Bilanzierungs- und Bewertungsmethoden – geprüft. Darüber hinaus haben wir den Lagebericht der ... [Gesellschaft] für das Geschäftsjahr vom ... [Datum] bis zum ... [Datum] geprüft.
Falls einschlägig: Benennung nicht geprüfter Bestandteile des Lageberichts (45 i.V. mit IDW PS 350 n.F.)

(Standardisierte) Prüfungsurteil(e):
» Abschluss (ohne Anhang) in Übereinstimmung mit Rechnungslegungsgrundsätzen zur Ordnungsmäßigkeit (38)
» Abschluss in Übereinstimmung mit Rechnungslegungsgrundsätzen zur sachgerechten Gesamtdarstellung (37)
» Abschluss und Lagebericht (43)

Erklärung zur Ordnungsmäßigkeit nach § 322 Abs. 3 Satz 1 HGB (38 bzw. 44)

Abweichende Anforderungen bei modifzierten Prüfungsurteilen (IDW PS 405)

Grundlage für die Prüfungsurteile (46 ff.)

» Erklärung der Übereinstimmung der Prüfung mit § 317 HGB [und ggf. der EU-APrVO] unter Beachtung der Grundsätze ordnungsmäßiger Abschlussprüfung [und ggf. der ISA]
» Verweis auf den gesonderten Abschnitt zur Verantwortlichkeit des APr
» Erklärung der Unabhängigkeit und der Erfüllung der sonstigen Berufspflichten
» Erklärung, dass ausreichende und geeignete Prüfungsnachweise erlangt wurden
» Nur für PIE: Erklärung, dass keine verbotenen Nichtprüfungsleistungen erbracht wurden

Abweichende Anforderungen bei modifzierten Prüfungsurteilen (IDW PS 405)

Sofern relevant: Wesentliche Unsicherheit i.Z. mit der Fortführung der Unternehmenstätigkeit (IDW PS 270 n.F.)

Sofern relevant: Hinweis zur Hervorhebung eines Sachverhalts oder Hinweis auf einen sonstigen Sachverhalt (IDW PS 406)

Nur für PIE: Besonders wichtige Prüfungssachverhalte (IDW PS 401)

Sofern relevant: Sonstige Informationen (ISA 720 (Revised) (E-DE))

» Nur relevant, falls **im Geschäftsbericht** einer Einheit (außer dem Abschluss, dem Lagebericht und dem Bestätigungsvermerk) weitere Finanzinformationen oder nichtfinanzielle Informationen enthalten sind. Der Geschäftsbericht ist ein oder eine Kombination mehrerer Dokumente, das/die jährlich vom Management erstellt werden, um weitergehende Informationen über die Geschäftstätigkeit und die im Abschluss vermittelte VFE-Lage bereitzustellen.
» **Beispiele** für sonstige Informationen sind
  » die nicht inhaltlich geprüften Bestandteile des Lageberichts (IDW PS 350 n.F.),
  » die Erklärung zur Unternehmensführung nach § 289f Abs. 4 HGB (Angaben zur Frauenquote) oder
  » der Corporate-Governance-Bericht nach Nr. 3.10 des Deutschen Corporate Governance Kodex.
» Im Bestätigungsvermerk ist darzulegen, dass die sonstigen Informationen gelesen und gewürdigt wurden. IDW ISA 720 (Revised) (E-DE) enthält deutsche Formulierungsbeispiele für den Abschnitt des Bestätigungsvermerks zu sonstigen Informationen.

Verantwortung der gesetzlichen Vertreter für den Abschluss und ggf. für den Lagebericht (53 ff., A48 ff.)

» Beschreibung der Verantwortung der gesetzlichen Vertreter für:
  » die Aufstellung des Abschlusses und ggf. des Lageberichts
  » die als notwendig bestimmten internen Kontrollen
  » die Beurteilung der Fähigkeit des Unternehmens zur Fortführung der Unternehmenstätigkeit
» Die verantwortlichen Organe sind explizit zu bezeichnen, was ggf. auch die Nennung der für die Überwachung Verantwortlichen und die Darstellung ihrer Verantwortlichkeit umfasst.

Verantwortung des APr für die Prüfung des Abschlusses und ggf. des Lageberichts (58 ff., A54 ff.)

In Grundzügen erläutert der APr, wie er die Prüfung geplant und durchgeführt hat, um eine hinreichend sichere Basis für sein Prüfungsurteil zu erlangen:
- Erläuterung der Zielsetzung des APr
- Erläuterung der Begriffe „hinreichende Sicherheit" und „falsche Darstellungen"
- Erklärungen zum pflichtgemäßen Ermessen und zur kritischen Grundhaltung
- Beschreibung der Kommunikation mit den für die Überwachung Verantwortlichen
- Nur bei PIE: Hinweis auf die abgegebene Erklärung zur Unabhängigkeit und die dargestellten besonders wichtigen Prüfungssachverhalte

Ort der Beschreibung der Verantwortung des APr (64 f.)

- Beschreibung der Verantwortung des APr innerhalb des Bestätigungsvermerks
- Alternative: Möglichkeit des teilweisen Verweises auf eine Anlage zum Bestätigungsvermerk oder auf die Website einer Aufsichtsbehörde oder eines Standardsetzers (z.B. Verweis auf IDW Website)

Datum, Unterschrift und Erteilung des Bestätigungsvermerks (71 ff.)

- Der APr hat nach § 322 Abs. 7 Satz 1 HGB den Bestätigungsvermerk unter Angabe des Tages der Unterzeichnung zu unterzeichnen. Dabei ist der Ort der Niederlassung des APr bzw. der Prüfungsgesellschaft anzugeben.
- Ihrer Unterschrift unter den Bestätigungsvermerk haben Wirtschaftsprüfer die Berufsbezeichnung „Wirtschaftsprüfer(in)" hinzuzufügen. Dabei ist § 18 WPO zu beachten.
- Wird der Bestätigungsvermerk über eine Prüfung erteilt, die den Berufsangehörigen gesetzlich vorbehalten ist, hat der Abschlussprüfer den Bestätigungsvermerk nach § 48 Abs. 1 WPO mit dem Berufssiegel zu versehen.

Sofern relevant: Vermerk über „Sonstige gesetzliche und andere rechtliche Anforderungen" (66 ff.)

Allgemeine Grundsätze (66 ff., A63 ff.)

» Erweiterung des Bestätigungsvermerks nur um sonstige Pflichtangaben gemäß Spezialgesetzen möglich
  » Gesonderter Abschnitt, wenn die sonstigen Pflichtangaben andere Themen als die Berichtspflichten zur Prüfung des Abschlusses und ggf. des Lageberichts beinhalten
  » Ansonsten Integration der sonstigen Pflichtangaben in den Bestätigungsvermerk ohne gesonderten Abschnitt, jedoch deutliche Abgrenzung von den übrigen Angaben
» Folgende oder entsprechende Überschrift: „Sonstige gesetzliche und andere rechtliche Anforderungen"

Nur für PIE: Übrige Angaben gemäß Artikel 10 APrVO (69, A66 ff.)

Unterabschnitt mit der Überschrift „Übrige Angaben gemäß Artikel 10 EU-Abschlussprüferverordnung" und folgenden Angaben:
» Von welchem Organ der Abschlussprüfer bestellt (gewählt und beauftragt) wurde
» Datum der Bestellung des Abschlussprüfers und gesamte ununterbrochene Mandatsdauer
» Bestätigung der Übereinstimmung des Prüfungsurteils mit dem Prüfungsbericht
» Angabe der zusätzlich erbrachten Leistungen, die im Lagebericht oder in den Abschlüssen nicht angegeben wurden

Nur für PIE: Name des verantwortlichen Wirtschaftsprüfers (70)

Nennung des verantwortlichen Wirtschaftsprüfers in einem Abschnitt mit der Überschrift „Verantwortlicher Wirtschaftsprüfer"

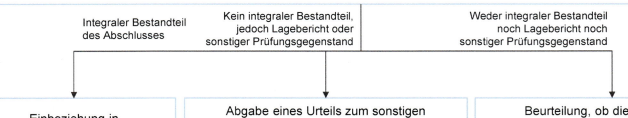

Sonderfragen beim Bestätigungsvermerk (86 ff.)

Kündigung des Prüfungsauftrags (86)

Keine Erteilung eines Bestätigungsvermerks im Falle einer vorzeitigen Beendigung des Prüfungsauftrages

Nachtragsprüfung (87 ff.)

» Nachtragsprüfung, sofern der Abschluss oder der Lagebericht nach Vorlage des Prüfungsberichts geändert werden (§ 316 Abs. 3 HGB)
» Ergänzung bzw. ggf. Neuformulierung des Bestätigungsvermerks und Unterzeichnung mit Doppeldatum
» Aufnahme eines Hinweises gem. IDW PS 406
» Ggf. Verweis auf die Angabe im Abschluss oder im Lagebericht, die die Änderung erläutert

Ergänzende Prüfung (91)

» Ist die Gesellschaft zur Erstellung eines nichtfinanziellen Berichts und Veröffentlichung dieses Berichts auf der Internetseite verpflichtet, so hat der APr vier Monate nach dem Abschlussstichtag zu prüfen, ob dieser Bericht vorgelegt wurde.
» Ergänzung des Bestätigungsvermerks nur, wenn der Bericht nicht vorgelegt worden ist

Widerruf des Bestätigungsvermerks (92 ff.)

» Grundsätzlich Pflicht zum Widerruf des Bestätigungsvermerks, wenn der APr nachträglich erkennt, dass die Voraussetzungen für die Erteilung dieses Bestätigungsvermerks nicht vorgelegen haben und das Unternehmen die entsprechenden Änderungen nicht vornimmt und die Adressaten des Abschlusses nicht informiert. Ausnahmetatbestände beachten.
» Begründung des Widerrufs und Ergreifung von Maßnahmen, dass alle Adressaten des Bestätigungsvermerks von dem Widerruf Kenntnis erlangen können
» Ggf. Einholung rechtlichen Rats

Aufschiebende Bedingung (96 ff.)

Erteilung eines Bestätigungsvermerks unter einer aufschiebenden Bedingung möglich, wenn
- » der geprüfte Abschluss Sachverhalte berücksichtigt, die erst nach Abschluss der Prüfung wirksam werden,
- » der Sachverhalt auf den geprüften Abschluss zurückwirkt,
- » die Bedingung in einem formgebundenen Verfahren bereits inhaltlich festgelegt ist und es ausschließlich formeller Akte bedarf, und
- » die Bedingung mit an Sicherheit grenzender Wahrscheinlichkeit erwartet wird
- » der Jahresabschluss gilt bei einem Bestätigungsvermerk unter aufschiebender Bedingung als noch nicht geprüft
- » das Unternehmen hat den Nachweis des Eintritts der Bedingung zu führen

Zusammengefasster Bestätigungsvermerk (99 f.)

- » Möglichkeit der Zusammenfassung des Bestätigungsvermerks zum Jahresabschluss des Mutterunternehmens und des Bestätigungsvermerk
- » zum Konzernabschluss (§ 325 Abs. 3a Satz 2 HGB)

Vermerk über die Prüfung des Jahresabschlusses und des Lageberichts des Mutterunternehmens und Vermerk über die Prüfung des Konzernabschlusses als Pflichtbestandteile des Bestätigungsvermerks

Gemeinschaftsprüfungen (101)

- » Gemeinsamer Bestätigungsvermerk mit einheitlichem Prüfungsurteil, wenn mehrere Prüfer zum APr bestellt sind.
- » Bedingung für gemeinsamen Bestätigungsvermerk: Bekanntmachung des Konzernabschlusses zusammen mit dem Jahresabschluss oder Einzelabschluss des Mutterunternehmens

Verwendung des Bestätigungsvermerks (102 ff.)

Keine Verpflichtung des APr zur Überprüfung der zutreffenden Offenlegung, Veröffentlichung oder Vervielfältigung des Abschlusses oder des Lageberichts

IDW PS 401
IDW Prüfungsstandard: Mitteilung besonders wichtiger Prüfungssachverhalte im Bestätigungsvermerk (Stand: 30.11.2017)

Zusammenfassung:

IDW PS 401 ergänzt das in IDW PS 400 n. F. enthaltene Rahmenkonzept der Grundlagen für den Inhalt eines Bestätigungsvermerks im Hinblick auf die Darstellung von besonders wichtigen Prüfungssachverhalten. Besonders wichtige Prüfungssachverhalte sind Sachverhalte, die nach pflichtgemäßem Ermessen des Abschlussprüfers am bedeutsamsten in der Prüfung des Abschlusses für den aktuellen Berichtszeitraum waren. Hierunter fallen die „bedeutsamsten beurteilten Risiken wesentlicher falscher Darstellungen", die in Übereinstimmung mit Art. 10 EU-APrVO zur Untermauerung des Prüfungsurteils im Bestätigungsvermerk von Unternehmen von öffentlichem Interesse i.S. von § 319a Abs. 1 Satz 1 HGB („PIE") beschrieben werden müssen.

Eine Berichterstattung über besonders wichtige Prüfungssachverhalte außerhalb des Anwendungsbereichs der EU-APrVO kann auch erfolgen, wenn der Abschlussprüfer mit dem Unternehmen ausdrücklich schriftlich vereinbart hat, besonders wichtige Prüfungssachverhalte im Bestätigungsvermerk mitzuteilen.

IDW PS 401 enthält Hinweise zur Bestimmung von besonders wichtigen Prüfungssachverhalten, Anforderungen zur Darstellung von besonders wichtigen Prüfungssachverhalten im Bestätigungsvermerk und Anforderungen an die Prüfungsdokumentation.

Die Darstellung im Bestätigungsvermerk umfasst neben einer standardisierbaren Einleitung individualisierte Erläuterungen jedes besonders wichtigen Prüfungssachverhalts. Die Erläuterungen der einzelnen besonders wichtigen Prüfungssachverhalte umfassen jeweils die Gründe für die Bestimmung als besonders wichtiger Prüfungssachverhalt, eine Beschreibung des prüferischen Vorgehens und Verweise auf zugehörige Angaben im Abschluss.

Verweis:

- *IDW PS 400 n. F.:* Bildung eines Prüfungsurteils und Erteilung eines Bestätigungsvermerks.

IDW PS 401: Mitteilung besonders wichtiger Prüfungssachverhalte im Bestätigungsvermerk

Anwendungsbereich (5; IDW PS 400 n.F., Tz. 50 f.)

» Verpflichtung nach Art. 10 Abs. 2 Buchst. c) EU-APrVO bei gesetzlichen Prüfungen von (vollständigen) nach Rechnungslegungsgrundsätzen für allgemeine Zwecke aufzustellenden **Abschlüssen von PIE**
» Außerhalb des Anwendungsbereichs der PIE aufgrund einer **ausdrücklichen schriftlichen Vereinbarung** mit dem Unternehmen

Definition: Besonders wichtige Prüfungssachverhalte (9)

Sachverhalte, die nach pflichtgemäßem Ermessen des APr **am bedeutsamsten** in der Prüfung des **Abschlusses** waren.
→ Hierunter fallen die „bedeutsamsten beurteilten Risiken wesentlicher falscher Darstellungen"
i.S. von Art. 10 Abs. 2 Buchst. c) EU-APrVO

Bestimmung besonders wichtiger Prüfungssachverhalte (12 f.)

1. Schritt: Alle Sachverhalte, die mit den für die Überwachung Verantwortlichen erörtert wurden

2. Schritt: Bestimmung der Sachverhalte, die bei der Prüfung des Abschlusses besondere Befassung erforderten

- Bereiche mit als höher beurteiltem **Risiko** wesentlicher falscher Darstellungen oder in Übereinstimmung mit IDW PS 261 n.F. identifizierte bedeutsame Risiken (A22–A24)
- Bedeutsame Beurteilungen des APr in Bezug auf Bereiche des Abschlusses mit bedeutsamen **Beurteilungen der gesetzlichen Vertreter** (einschließlich geschätzter Werte mit hoher Schätzunsicherheit) (A25–27)
- Auswirkungen von bedeutsamen Ereignissen oder Geschäftsvorfällen des aktuellen Berichtszeitraums

Erfordernis der kritischen Grundhaltung des APr (IDW PS 200)

3. Schritt: Bestimmung nach pflichtgemäßem Ermessen von Sachverhalten, die in der Prüfung des Abschlusses für den aktuellen Berichtszeitraum am bedeutsamsten waren = **besonders wichtige Prüfungssachverhalte**

Bestimmung der Sachverhalte, die vom APr besondere Befassung erforderten (12, A16–A21)

Zeitpunkt der Bestimmung	Entwicklung einer vorläufigen Auffassung zu Sachverhalten in der Prüfungsplanung ist möglich. → Die endgültige Bestimmung basiert jedoch auf den Ergebnissen der Abschlussprüfung
Ressourceneinsatz und Prüfungsstrategie	Oft komplexe Sachverhalte oder bedeutsame Beurteilungen der gesetzlichen Vertreter, die häufig mit schwierigen oder komplexen Beurteilungen des APr verbunden sind. Daraus ergeben sich Auswirkungen auf die Prüfungsstrategie und den Einsatz und die Verteilung von Ressourcen
Beispiele	» Transaktionen mit nahestehenden Personen » Beschränkungen im Rahmen der Konzernabschlussprüfung » bedeutsame fachliche, berufsrechtliche und sonstige Zweifelsfragen, für die Personen konsultiert wurden » Implementierung eines neuen rechnungslegungsbezogenen IT-Systems » bedeutsame ungewöhnliche Geschäftsvorfälle » Risiken von Verstößen im Zusammenhang mit der Umsatzrealisierung » Abweichung der angewandten Rechnungslegungsmethoden von denen anderer Unternehmen der Branche » Fehlerrisiken, die besondere Aufmerksamkeit erfordern (bedeutsame Risiken)

Bestimmung der relativen Bedeutsamkeit eines Sachverhalts (13, A28–A30)

Art und Umfang der Kommunikation mit den für die Überwachung Verantwortlichen über die Sachverhalte als Hinweis darauf, welche Sachverhalte am bedeutsamsten sind.

Beispielhafte sonstige Überlegungen zur Bestimmung der relativen Bedeutsamkeit eines Sachverhalts:

» Bedeutung des Sachverhalts für das Verständnis der Adressaten von dem Abschluss als Ganzes
» Komplexität bzw. Subjektivität der Auswahl der Rechnungslegungsmethode
» Art und quantitative oder qualitative Wesentlichkeit von etwaigen falschen Darstellungen bezüglich des Sachverhalts
» Schwere von identifizierten Mängel im rechnungslegungsbezogenen IKS, die für den Sachverhalt relevant sind

Kein Ersatz für die Modifizierung des Prüfungsurteils und kein gesondertes Prüfungsurteil (4)

Die Mitteilung besonders wichtiger Prüfungssachverhalte im Bestätigungsvermerk ist
- » kein Ersatz für die Abgabe eines modifizierten Prüfungsurteils (IDW PS 405)
- » kein gesondertes Prüfungsurteil zu einzelnen Sachverhalten

Abgrenzung zu sonstigen Bestandteilen des Bestätigungsvermerks

In gesonderten Abschnitten – außerhalb des Abschnitts zu den besonders wichtigen Prüfungssachverhalten – sind darzustellen:
- » bedeutsame Zweifel an der Fähigkeit des Unternehmens zur Fortführung der Unternehmenstätigkeit (IDW PS 270 n.F.)
- » Sachverhalte, die zu einem modifizierten Prüfungsurteil führen (IDW PS 405)
- » Hinweise zur Hervorhebung eines Sachverhalts und Hinweise auf einen sonstigen Sachverhalt (IDW PS 406)

Fälle, in denen ein besonders wichtiger Prüfungssachverhalt nicht im Bestätigungsvermerk mitgeteilt werden muss (17)

Gesetze oder andere Rechtsvorschriften können die öffentliche Angabe eines Sachverhalts ausschließen oder beschränken

Kommunikation mit den für die Überwachung Verantwortlichen (20)

Erörterung mit den für die Überwachung Verantwortlichen der besonders wichtigen Prüfungssachverhalte bzw. dass keine besonders wichtigen Prüfungssachverhalte mitzuteilen sind.
- » Eine Mitteilung vorläufiger besonders wichtiger Prüfungssachverhalte ist zulässig, um eine zeitgerechte Kommunikation zu erreichen.
- » Zur Vereinfachung der Kommunikation kann ein Entwurf des Bestätigungsvermerks den für die Überwachung Verantwortlichen bereitgestellt werden.

Dokumentation (21)

Erweiterte Anforderungen an die Prüfungsdokumentation nach IDW PS 460 n.F.

Mitteilung besonders wichtiger Prüfungssachverhalte (14 ff.)

Gesonderter Abschnitt zu den besonders wichtigen Prüfungssachverhalten in der Abschlussprüfung

Überschrift	„Besonders wichtige Prüfungssachverhalte in der Prüfung des … [Jahres-/Konzernabschlusses]"
Standardisierte Einleitung	**Beispielhafte Formulierung** (aus IDW PS 400 n.F., Anlage 2): „Besonders wichtige Prüfungssachverhalte sind solche Sachverhalte, die nach unserem pflichtgemäßen Ermessen am bedeutsamsten in unserer Prüfung des Jahresabschlusses für das Geschäftsjahr vom … [Datum] bis zum … [Datum] waren. Diese Sachverhalte wurden im Zusammenhang mit unserer Prüfung des Jahresabschlusses als Ganzem und bei der Bildung unseres Prüfungsurteils hierzu berücksichtigt; wir geben kein gesondertes Prüfungsurteil zu diesen Sachverhalten ab."
Individualisierte Erläuterung	Beschreibung jedes besonders wichtigen Prüfungssachverhalts in Untergliederung mit folgenden Zwischenüberschriften: » Gründe für die Bestimmung als besonders wichtiger Prüfungssachverhalt » Prüferisches Vorgehen » Verweis auf zugehörige Angaben

Die Reihenfolge der Darstellung der Sachverhalte innerhalb des Abschnitts ist eine Frage des pflichtgemäßen Ermessens

Form und Inhalt des Abschnitts zu den besonders wichtigen Prüfungssachverhalten in sonstigen Fällen (Fehlanzeige bzw. Querverweisung) (19)

Ebenfalls im gesonderten Abschnitt zu den besonders wichtigen Prüfungssachverhalten sind Erklärungen aufzunehmen, wenn:
» keine besonders wichtigen Prüfungssachverhalte vorliegen oder
» es sich bei diesen ausschließlich um Sachverhalte handelt, die zu einem modifizierten Prüfungsurteil führen oder bedeutsame Zweifel an der Fähigkeit des Unternehmens zur Fortführung der Unternehmenstätigkeit aufwerfen, oder
» ein besonders wichtiger Prüfungssachverhalt nicht mitgeteilt wird und der APr keinen weiteren besonders wichtigen Prüfungssachverhalt bestimmt.

IDW PS 405
IDW Prüfungsstandard: Modifizierungen des Prüfungsurteils im Bestätigungsvermerk (Stand: 30.11.2017)

Zusammenfassung:

IDW PS 405 ergänzt das in *IDW PS 400 n. F.* enthaltene Rahmenkonzept der Grundlagen für den Inhalt eines Bestätigungsvermerks im Hinblick auf ggf. erforderliche Modifizierungen des Prüfungsurteils im Bestätigungsvermerk. Als Sachverhalte, die zu einem modifizierten Prüfungsurteil führen können, unterscheidet *IDW PS 405* zwischen Einwendungen und Prüfungshemmnissen. Enthält der Abschluss wesentliche falsche Darstellungen, entspricht der Lagebericht nicht bzw. nur mit Ausnahmen in allen wesentlichen Belangen den maßgebenden Rechnungslegungsgrundsätzen bzw. entspricht ein sonstiger Prüfungsgegenstand nicht bzw. nur mit Ausnahmen in allen wesentlichen Belangen den maßgebenden gesetzlichen Vorschriften, so hat der Abschlussprüfer Einwendungen gegen den entsprechenden Prüfungsgegenstand zu erheben. Ein Prüfungshemmnis beschreibt den Fall, dass der Abschlussprüfer nicht in der Lage ist, ausreichende geeignete Prüfungsnachweise zu erlangen.

In Abhängigkeit von der Art der Einwendung bzw. des Prüfungshemmnisses enthält *IDW PS 405* Hinweise zur Festlegung der Art des modifizierten Prüfungsurteils. Dabei werden drei Arten von modifizierten Prüfungsurteilen unterschieden:
- eingeschränktes Prüfungsurteil,
- versagtes Prüfungsurteil,
- Erklärung der Nichtabgabe eines Prüfungsurteils.

Weiterhin enthält *IDW PS 405* Anforderungen an Form und Inhalt des Bestätigungsvermerks bei modifizierten Prüfungsurteilen. Als Anlage sind zudem Formulierungsbeispiele für Bestätigungs- bzw. Versagungsvermerke beigefügt.

Verweis:
- *IDW PS 400 n. F.:* Bildung eines Prüfungsurteils und Erteilung eines Bestätigungsvermerks.

IDW PS 405

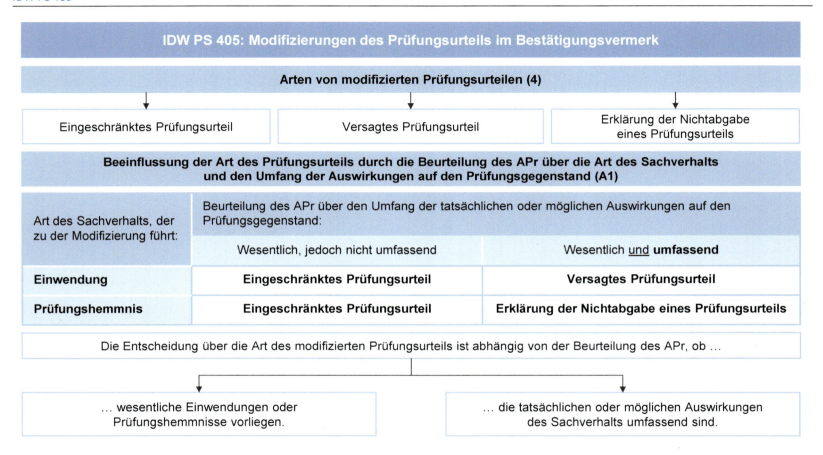

Definitionen (7)

Einwendung	Schlussfolgerung des APr auf der Grundlage der erlangten Prüfungsnachweise, dass » der Abschluss als Ganzes falsche Darstellungen enthält, die einzeln oder kumuliert wesentlich sind, bzw. » der Lagebericht insgesamt nicht bzw. nur mit Ausnahmen in allen wesentlichen Belangen den maßgebenden Rechnungslegungsgrundsätzen entspricht (vgl. Tz. 4 a) ii.) bzw. » ein sonstiger Prüfungsgegenstand nicht bzw. nur mit Ausnahmen in allen wesentlichen Belangen den maßgebenden gesetzlichen Vorschriften entspricht.
Prüfungs-hemmnis	Schlussfolgerung des APr, dass er nach Ausschöpfung aller angemessenen Möglichkeiten zur Klärung des Sachverhalts nicht in der Lage ist, ausreichende geeignete Prüfungsnachweise zu erlangen, um festzustellen, ob eine Einwendung zu erheben ist.

Fälle, in denen eine Modifizierung eines Prüfungsurteils erforderlich ist (9)

Erhebung einer Einwendung	Vorliegen eines Prüfungshemmnisses
Wesentliche falsche Darstellungen im Abschluss können sich ergeben in Bezug auf: » die Eignung oder die Anwendung der ausgewählten Rechnungslegungsmethoden » die Eignung oder Angemessenheit von Angaben im Abschluss » rechnungslegungsbezogene Verstöße gegen Gesellschaftsvertrag, Satzung oder Gesellschafterbeschlüsse	Prüfungshemmnisse können sich ergeben aus: » Umständen, die außerhalb der Kontrolle des Unternehmens liegen (z.B. Zerstörung der Unterlagen zur Rechnungslegung) » Umständen im Zusammenhang mit der Art oder der zeitlichen Einteilung der Tätigkeit des APr (z.B. fehlende Möglichkeit der Beurteilung der zutreffenden Anwendung der Equity-Methode) » von den gesetzlichen Vertretern dem APr auferlegten Beschränkungen (z.B. Hinderung an der Einholung von Bestätigungen Dritter)
Falsche Darstellungen im Vorjahresabschluss führen zu einem modifizierten Prüfungsurteil, wenn sie im zu prüfenden Abschluss fortbestehen und wesentlich sind, die Durchführung der Korrektur zu beanstanden ist oder der APr dies nicht beurteilen kann	§ 322 Abs. 5 HGB verpflichtet den APr, alle angemessenen Möglichkeiten zur Klärung des Sachverhalts auszuschöpfen

Folge eines von den gesetzlichen Vertretern nach Auftragsannahme auferlegten Prüfungshemmnisses (15 ff.)

Verweigerung von Aufklärungen und Nachweisen durch die gesetzlichen Vertreter nach der Auftragsannahme bzw. die fehlende Vorlage eines Abschlusses, Lageberichts bzw. sonstigen Prüfungsgegenstandes stellt ein von den gesetzlichen Vertretern auferlegtes Prüfungshemmnis dar

Prüfungshemmnis führt wahrscheinlich zur Modifizierung des Prüfungsurteils

Aufforderung der gesetzlichen Vertreter zur Beseitigung des Prüfungshemmnisses

Weigerung der gesetzlichen Vertreter zur Beseitigung des Prüfungshemmnisses

- » Mitteilung des Sachverhaltes an die für die Überwachung Verantwortlichen
- » Feststellung, ob mit Hilfe alternativer Prüfungshandlungen ausreichende geeignete Prüfungsnachweise erlangt werden können

Wenn keine ausreichenden geeigneten Prüfungsnachweise erlangt werden können

- » Modifizierung des Prüfungsurteils oder
- » Kündigung des Auftrages bzw. Vereinbarung einer Auftragsaufhebung
  - → Auftragsniederlegung aufgrund der Unmöglichkeit, ausreichende Prüfungsnachweise zu erlangen, bei **gesetzlichen Prüfungen** nach § 317 HGB nicht möglich
  - → Praktische Anwendbarkeit der Auftragsniederlegung hängt bei **freiwilligen Abschlussprüfungen** von dem Stadium der Fertigstellung des Prüfungsauftrags ab

Kündigung aus Rechtsgründen nicht zulässig	Kündigung bzw. Aufhebung des Auftrags
Erklärung der Nichtabgabe eines Prüfungsurteils, wenn die gesetzlichen Vertreter dem APr einen Prüfungsgegenstand nicht vorlegen	Vor der Kündigung bzw. Aufhebung des Auftrags Mitteilung der Gründe für die Kündigung oder Aufhebung an die für die Überwachung Verantwortlichen

IDW PS 405

	Form und Inhalt des Bestätigungsvermerks bei modifiziertem Prüfungsurteil (21 ff.)	
	Bestätigungsvermerk nach IDW PS 400 n.F.	**Modifizierung nach PS 405**
Überschrift und Adressierung	Überschrift	Ja (21)
	Angabe des **Empfängers**	Nein
Vermerk über die Prüfung des Jahresabschlusses und des Lageberichts	**Prüfungsurteile**	Ja (23–39)
	Grundlage für die Prüfungsurteile	Ja (40–53)
	Sofern relevant: Wesentliche **Unsicherheit i.Z. mit der Fortführung** der Unternehmenstätigkeit (IDW PS 270 n.F.)	Nein
	Sofern relevant: **Hinweis** zur Hervorhebung eines Sachverhalts bzw. auf einen sonstigen Sachverhalt (IDW PS 406)	Nein
	Nur für PIE: **Besonders wichtige Prüfungssachverhalte** (IDW PS 401)	Abschnitte sind bei Nichtabgabe eines Prüfungsurteils **nicht** zulässig (56)
	Sofern relevant: **Sonstige Informationen** (ISA 720 (Revised) (E-DE))	
	Verantwortung [der gesetzlichen Vertreter] für den Abschluss und den Lagebericht	Nein
	Verantwortung des Abschlussprüfers für die Prüfung des Abschlusses und des Lageberichts	Nur bei Nichtabgabe eines Prüfungsurteils (54–55)
Sonstige gesetzliche und andere rechtliche Anforderungen	*Sofern relevant (insbesondere bei PIE)*	Nein
Datum, Unterschrift	**Ort der Niederlassung**, Datum, Unterschriften (Siegel)	Nein

Überschrift des Bestätigungsvermerks (21)

Bei Erteilung eines versagten Prüfungsurteils oder bei Erklärung der Nichtabgabe eines Prüfungsurteils lautet die Überschrift: „Versagungsvermerk des unabhängigen Abschlussprüfers"

Abschnitt „Prüfungsurteil" (23–39)

Anpassung der **Kapitelüberschrift** zum Abschnitt „Prüfungsurteil" (unterschiedliche Kombinationen sind möglich) (23–26):

» [Eingeschränktes/versagtes] Prüfungsurteil zum … [Jahres-/Konzernabschluss] und [eingeschränktes/versagtes] Prüfungsurteil zum … [Lagebericht/Konzernlagebericht],

» [Eingeschränktes/versagtes] Prüfungsurteil zum … [Jahres-/Konzernabschluss] und Erklärung der Nichtabgabe eines Prüfungsurteils zum … [Lagebericht/Konzernlagebericht],

» Erklärung der Nichtabgabe eines Prüfungsurteils zum … [Jahres-/Konzernabschluss] und … [eingeschränktes/versagtes] Prüfungsurteil zum … [Lagebericht/Konzernlagebericht]

Verwendung von weitgehend **standardisierten Formulierungen**:

» Eingeschränkte Prüfungsurteile (27–32)
» Versagtes Prüfungsurteil (33–36)
» Erklärung der Nichtabgabe eines Prüfungsurteils (37–39)

Grundlage für das Prüfungsurteil (40 ff.)

» Anpassung der Überschrift des Abschnitts „Grundlage für die Prüfungsurteile" in Einklang mit der nach Tz. 23–26 geforderten Überschrift
» Beschreibung des Sachverhalts, der zu der Modifizierung geführt hat
» Quantifizierung der Auswirkungen der falschen Darstellungen auf den Abschluss, sofern dies erforderlich ist, um die Tragweite der Modifizierung im Bestätigungsvermerk zu verdeutlichen, und dies praktisch durchführbar ist
» Bei Versagung oder Nichtabgabe des Prüfungsurteils: Beschreibung aller anderen Sachverhalte, die anderenfalls zu einer Modifizierung des Prüfungsurteils geführt hätten

IDW PS 406
IDW Prüfungsstandard: Hinweise im Bestätigungsvermerk (Stand: 30.11.2017)

Zusammenfassung:

Der Abschlussprüfer kann es für notwendig erachten, in den Bestätigungsvermerk einen Hinweis aufzunehmen, um Adressaten auf im Abschluss dargestellte Sachverhalte oder auf nicht dargestellte Sachverhalte aufmerksam zu machen. Der Anwendungsbereich von *IDW PS 406* umfasst

- Sachverhalte im Abschluss oder im Lagebericht oder in einem sonstigen Prüfungsgegenstand, die so wichtig sind, dass sie grundlegend für das Verständnis durch die Adressaten sind („Hinweise zur Hervorhebung eines Sachverhalts"), oder
- Sachverhalte, die nicht im Abschluss oder im Lagebericht oder in einem sonstigen Prüfungsgegenstand dargestellt sind, jedoch für das Verständnis von der Abschlussprüfung, von der Verantwortung des Abschlussprüfers oder von dem Bestätigungsvermerk relevant sind („Hinweise auf sonstige Sachverhalte").

IDW PS 406 ergänzt das in *IDW PS 400 n. F.* enthaltene Rahmenkonzept der Grundlagen für den Inhalt eines Bestätigungsvermerks im Hinblick auf ggf. im Bestätigungsvermerk erforderliche Hinweise. Dabei erfolgt auch eine Abgrenzung zwischen den Hinweisen i.S. von *IDW PS 406*

- zu Hinweisen auf wesentliche Unsicherheiten im Zusammenhang mit der Fortführung der Unternehmenstätigkeit *(IDW PS 270 n. F.)*,
- zur Mitteilung von besonders wichtigen Prüfungssachverhalten *(IDW PS 401)* und
- zur Darstellung der Grundlagen für eingeschränkte Prüfungsurteile *(IDW PS 405)*.

Weiterhin enthält *IDW PS 406* Anforderungen an Form und Inhalt von Hinweisen zur Hervorhebung eines Sachverhalts sowie von Hinweisen auf sonstige Sachverhalte in Bestätigungsvermerken. Als Sonderfall wird der Hinweis zur Nachtragsprüfung behandelt. Als Anlage sind zudem Formulierungsbeispiele für Bestätigungsvermerke mit Hinweisen beigefügt.

Verweise:

- *IDW PS 270 n. F.:* Die Beurteilung der Fortführung der Unternehmenstätigkeit im Rahmen der Abschlussprüfung,
- *IDW PS 400 n. F.:* Bildung eines Prüfungsurteils und Erteilung eines Bestätigungsvermerks,
- *IDW PS 401:* Mitteilung besonders wichtiger Prüfungssachverhalte im Bestätigungsvermerk,
- *IDW PS 405:* Modifizierungen des Prüfungsurteils im Bestätigungsvermerk.

IDW PS 406: Hinweise im Bestätigungsvermerk

Zielsetzung des APr (7)

Durch **einen klaren Hinweis im Bestätigungsvermerk** (IDW PS 400 n.F.) sollen die Adressaten aufmerksam gemacht werden auf:
- einen im Abschluss, im Lagebericht oder in einem sonstigen Prüfungsgegenstand angemessen dargestellten oder angegebenen Sachverhalt, der zugleich von grundlegender Bedeutung für das Verständnis des betroffenen Prüfungsgegenstands durch die Adressaten ist, oder
- sonstige Sachverhalte, die für das Verständnis der Adressaten von der Abschlussprüfung, der Verantwortung des APr oder dem Bestätigungsvermerk relevant sind.

Hinweis zur Hervorhebung eines Sachverhalts	Ein im Bestätigungsvermerk enthaltener Abschnitt, der sich auf einen im Abschluss, – sofern einschlägig – im Lagebericht oder in einem sonstigen Prüfungsgegenstand angemessen dargestellten oder angegebenen Sachverhalt bezieht, der nach der Beurteilung des APr von grundlegender Bedeutung für das Verständnis des betroffenen Prüfungsgegenstands durch die Adressaten ist.
Hinweis auf einen sonstigen Sachverhalt	Ein im Bestätigungsvermerk enthaltener Abschnitt, der sich auf einen weder im Abschluss noch im Lagebericht oder in einem sonstigen Prüfungsgegenstand dargestellten oder angegebenen Sachverhalt bezieht, der nach der Beurteilung des APr für das Verständnis der Adressaten von der Abschlussprüfung, der Verantwortung des APr oder dem Bestätigungsvermerk relevant ist.
Sonderfall: Hinweis zur Nachtragsprüfung (14)	Im Fall einer Nachtragsprüfung gemäß § 316 Abs. 3 HGB ist in den Bestätigungsvermerk ein Hinweis zur Nachtragsprüfung in einem gesonderten Abschnitt mit der Überschrift „Hinweis zur Nachtragsprüfung" aufzunehmen.

IDW PS 406

Hinweis zur Hervorhebung eines Sachverhalts (10 f.)

Aufnahme in den Bestätigungsvermerk, wenn ein in einem Prüfungsgegenstand angegebener Sachverhalt – nach der Beurteilung des APr – von grundlegender Bedeutung für das Verständnis der Adressaten von dem betroffenen Prüfungsgegenstand ist

Ggf. Pflicht zur Aufnahme eines solchen Hinweises durch andere IDW Prüfungsstandards oder IDW Prüfungshinweise

Beispiele für Fälle, in denen der APr einen Hinweis zur Hervorhebung eines Sachverhalts als notwendig erachten kann:
» Unsicherheiten hinsichtlich des Ausgangs außergewöhnlicher Rechtsstreitigkeiten
» bedeutsame Ereignisse zwischen dem Abschlussstichtag und dem Datum des Bestätigungsvermerk
» katastrophale Ereignisse mit bedeutsamen Auswirkungen auf die VFE-Lage

Es ist **kein Hinweis** zur Hervorhebung eines Sachverhalts aufzunehmen, wenn:
» der Sachverhalt zu einer Modifizierung des Prüfungsurteils i.S. von IDW PS 405 führt,
» über den Sachverhalt nach IDW PS 400 n.F. i.V. mit IDW PS 270 n.F. als bestandsgefährdendes Risiko zu berichten ist,
» der Sachverhalt ein besonders wichtiger Prüfungssachverhalt i.S. von IDW PS 401 ist oder
» der Sachverhalt einen sonstigen Prüfungsgegenstand betrifft, über den nur im Prüfungsbericht zu berichten ist.

Ein Hinweis ist kein Ersatz für:
» die Modifizierung des Prüfungsurteils (IDW PS 405),
» Angaben im Abschluss, die von den gesetzlichen Vertretern zu machen sind,
» die Beachtung der Anforderungen des IDW PS 270 n.F., wenn bestandsgefährdende Risiken vorliegen

» Gesonderter Abschnitt „Hervorhebung eines Sachverhalts"
» Verweis auf die zugehörigen Angaben in dem Prüfungsgegenstand
» Erklärung, dass das Prüfungsurteil im Hinblick auf den hervorgehobenen Sachverhalt nicht modifiziert ist

Hinweis auf einen sonstigen Sachverhalt (12 f.)

Aufnahme in den Bestätigungsvermerk, wenn ein in keinem Prüfungsgegenstand angegebener Sachverhalt – nach der Beurteilung des APr – von grundlegender Bedeutung für das Verständnis der Adressaten von der Abschlussprüfung, von der Verantwortung des APr oder von dem Bestätigungsvermerk ist

- » Ausführlichere Erläuterung der Verantwortung des APr möglich
- » Ggf. Hinweis, dass der Bestätigungsvermerk nur für die vorgesehenen Adressaten bestimmt ist und nicht an Dritte weitergegeben oder von Dritten verwendet werden darf
- » Ggf. Pflicht zur Aufnahme eines solchen Hinweises durch andere IDW Prüfungsstandards oder IDW Prüfungshinweise

Es ist kein Hinweis auf einen sonstigen Sachverhalt aufzunehmen, wenn:
- » Gesetze oder andere Rechtsvorschriften einen solchen Hinweis untersagen oder
- » der Sachverhalt ein besonders wichtiger Prüfungssachverhalt i.S. von IDW PS 401 ist.

- » Gesonderter Abschnitt „Sonstiger Sachverhalt"
- » Der Hinweis darf keine Informationen enthalten, die von den gesetzlichen Vertretern zu geben sind oder die der Abschlussprüfer nicht geben darf

Kommunikation mit den für die Überwachung Verantwortlichen (15)

Erörterung der Absicht der Aufnahme eines Hinweises in den Bestätigungsvermerk mit den für die Überwachung Verantwortlichen sowie Anpassung der Prüfungsdokumentation i.S. von IDW PS 470 n.F.

IDW PS 450 n. F.
IDW Prüfungsstandard: Grundsätze ordnungsmäßiger Erstellung von Prüfungsberichten (Stand: 15.09.2017)

Zusammenfassung:
Der Prüfungsbericht ist – neben dem Bestätigungsvermerk – eines der zentralen Berichterstattungsinstrumente, in dem der Abschlussprüfer über Art und Umfang sowie über das Ergebnis seiner Prüfung schriftlich berichtet.

Aufgrund der EU-Abschlussprüferverordnung (Verordnung (EU) Nr. 537/2014), des CSR-Richtlinie-Umsetzungsgesetzes, des Entgelttransparenzgesetzes, des Abschlussprüfungsreformgesetzes und des Bilanzrichtlinie-Umsetzungsgesetzes haben sich Änderungen in den Anforderungen an die Prüfungsberichterstattung, vor allem bei der Prüfung von Unternehmen von öffentlichem Interesse („PIE") ergeben.

Der neugefasste *IDW Prüfungsstandard: Grundsätze ordnungsmäßiger Erstellung von Prüfungsberichten (IDW PS 450 n.F.)* flankiert die sog. *IDW PS 400er-Reihe* zum Bestätigungsvermerk und ergänzt die überarbeiteten Grundsätze für die Kommunikation mit den für die Überwachung Verantwortlichen in *IDW PS 470 n.F.*

Pflicht zur Anwendung:
IDW PS 450 n.F. gilt für die Prüfung von Abschlüssen für Berichtszeiträume, die am oder nach dem 15.12.2017 beginnen, mit der Ausnahme von Rumpfgeschäftsjahren, die vor dem 31.12.2018 enden. Für die gesetzliche Prüfung von Abschlüssen von PIE gilt *IDW PS 450 n.F.* bereits für Berichtszeiträume, die nach dem 16.06.2016 beginnen.

Der Anwendungszeitpunkt des finalen Prüfungsstandards wurde an die *IDW PS 400er-Reihe* angepasst und damit gegenüber der Entwurfsfassung um ein Jahr verschoben.

Kreis der Unternehmen:
Alle Unternehmen. Bestimmte Anforderungen gelten nur für PIE.

IDW PS 450 n.F.: Grundsätze ordnungsmäßiger Erstellung von Prüfungsberichten

Vorbemerkungen

Rechtliche Grundlagen (P3/1 f.)

- **PIE:** Vorrang von Art. 11 EU-APrVO vor den im Übrigen geltenden HGB-Vorschriften; **Nicht-PIE:** Rechtslage unverändert
- Der nach Art. 11 EU-APrVO vorgeschriebene „zusätzliche Bericht an den Prüfungsausschuss", der um die Angaben nach § 321 HGB erweitert wird, ist „der Prüfungsbericht"
- Die erforderlichen Angaben nach Art. 11 EU-APrVO können in den PrB integriert oder auch in einem Teilband oder einer inhaltlich entsprechenden Präsentation in Schriftform, die stets integraler Bestandteil des PrB ist, gesondert dargestellt werden

Inhalt des Prüfungsberichts (P3/3)

PIE	Nicht-PIE
Art. 11 Abs. 2 Unterabs. 1 EU-APrVO (nebst § 321 HGB)	§ 321 Abs. 1 Satz 2 und Satz 3 sowie Absatz 2 bis 4a HGB

Allgemeine Grundsätze für die Erstellung eines Prüfungsberichts

Wesentliche Pflichten des Abschlussprüfers (8 ff.)

- Der Prüfungsbericht ist gewissenhaft und unparteiisch zu erstatten
- Die Adressaten des PrB sind über Art und Umfang sowie das Ergebnis der Prüfung schriftlich und mit der gebotenen Klarheit zu unterrichten
- **PIE:** Der PrB muss eine Bestätigung enthalten, dass das Prüfungsurteil mit dem in Art. 11 EU-APrVO genannten zusätzlichen Bericht in Einklang steht
- Der PrB ist als ein einheitliches Ganzes anzusehen und muss ohne Heranziehung anderer Dokumente für sich lesbar und verständlich sein

IDW PS 450 n. F.

IDW PS 450 n.F.: Grundsätze ordnungsmäßiger Erstellung von Prüfungsberichten

Allgemeine Grundsätze für die Erstellung eines Prüfungsberichts

Gliederung des Prüfungsberichts bei Jahresabschlussprüfungen (12)

| Prüfungsauftrag | Grundsätzliche Feststellungen | Gegenstand, Art und Umfang der Prüfung | Feststellungen und Erläuterungen zur Rechnungslegung |

| Ggf. Feststellungen zum Risikofrüherkennungssystem | Ggf. Feststellungen aus Erweiterungen des Prüfungsauftrags | Wiedergabe des Bestätigungsvermerks | Anlagen |

Außerdem: Angabe von Ort der Niederlassung, Datum, Namen der Unterzeichnenden, Unterschrift, Siegel und Vorlage des PrB bei gesetzlichem Vertreter bzw. Aufsichtsrat

---

Prüfungsbericht über die Jahresabschlussprüfung

Prüfungsauftrag (21 ff.)

» Klarstellung, dass der PrB an das geprüfte Unternehmen gerichtet ist
» Angaben zum Prüfungsauftrag (Firma des geprüften Unternehmens, Abschlussstichtag, ggf. geprüftes Geschäftsjahr, Hinweis auf Abschlussprüfung)
» Angaben zur Wahl und Beauftragung des Abschlussprüfers
» Bestätigung der und Erklärung zur Unabhängigkeit (§ 321 Abs. 4a HGB und Art. 11 Abs. 2a) EU-APrVO)
» Feststellung, dass der PrB nach IDW PS 450 n.F. erstellt wurde
» Ggf. Allgemeine Auftragsbedingungen

IDW PS 450 n. F.

Prüfungsbericht über die Jahresabschlussprüfung

Grundsätzliche Feststellungen (26 f.)

Lage des Unternehmens (28 ff.)

Stellungnahme zur Lagebeurteilung der gesetzlichen Vertreter

- » APr muss eine Stellungnahme zur Lagebeurteilung durch die gesetzlichen Vertreter abgeben
- » Dabei vor allem auf die Annahme der Fortführung der Unternehmenstätigkeit und die Beurteilung der künftigen Entwicklung eingehen
- » Besonderheit: LB wurde zulässigerweise nicht aufgestellt → keine Stellungnahme durch den APr

Entwicklungsbeeinträchtigende oder bestandsgefährdende Tatsachen

- » APr muss über festgestellte Tatsachen berichten, welche die Entwicklung des geprüften Unternehmens wesentlich beeinträchtigen oder seinen Bestand gefährden können
- » Bei Eilbedürftigkeit kann ggf. vorab ein Teilbericht erstattet werden → muss später vollständig in den PrB aufgenommen werden

Bei PIE Berichterstattung über:
- » Festgestellte Ereignisse oder Gegebenheiten, die erhebliche Zweifel an der Fähigkeit zur Fortführung der Unternehmenstätigkeit aufwerfen können und ob diese eine wesentliche Unsicherheit darstellen
- » Berücksichtigte Maßnahmen bei der Beurteilung der Fähigkeit des Unternehmens zur Fortführung seiner Tätigkeit

Unregelmäßigkeiten (42 ff.)

Unregelmäßigkeiten in der Rechnungslegung

- » APr muss über Unregelmäßigkeiten in der Rechnungslegung berichten, soweit dies für die Überwachung der Geschäftsführung und des geprüften Unternehmens von Bedeutung ist
- » Über im Verlauf der Prüfung behobene Unregelmäßigkeiten ist nur zu berichten, wenn diese für die Wahrnehmung der Überwachungsfunktion des Aufsichtsrats relevant sind (vor allem bedeutsame Schwächen im IKS)

Sonstige Unregelmäßigkeiten

- » Verstöße der gesetzlichen Vertreter oder der Arbeitnehmer gegen Gesetze, Gesellschaftsvertrag oder Satzung, die sich nicht unmittelbar auf die Rechnungslegung beziehen
- » Festgestellte bedeutsame Schwächen in nicht auf den JA/LB bezogenen IKS-Bereichen

Bei PIE Berichterstattung über:
- » Festgestellte bedeutsame Sachverhalte im Zusammenhang mit der Nichteinhaltung von Rechtsvorschriften oder des Gesellschaftsvertrags / der Satzung, soweit für die Wahrnehmung der Aufgaben des Prüfungsausschusses relevant

IDW PS 450 n. F.

Prüfungsbericht über die Jahresabschlussprüfung

Gegenstand, Art und Umfang der Prüfung (51 ff.)

Gegenstand der Prüfung
- » Gegenstand der Abschlussprüfung sind Buchführung, JA, LB und ggf. das Risikofrüherkennungssystem
- » Angewandte Rechnungslegungsgrundsätze sind deutsche, internationale oder andere nationale Grundsätze
- » Ggf. Angaben bezüglich der nicht inhaltlichen Prüfung der Erklärung zur Unternehmensführung und der nichtfinanziellen Berichterstattung
- » Ggf. Hinweis, dass der dem LB als Anlage beigefügte Entgeltbericht nicht Gegenstand der Prüfung ist
- » Ggf. Erläuterung von Erweiterungen des Prüfungsauftrags
- » Hinweis, dass die Prüfung sich nicht darauf zu erstecken hat, ob der Fortbestand des Unternehmens oder die Wirksamkeit und Wirtschaftlichkeit der Geschäftsführung zugesichert werden kann

Art und Umfang der Prüfung

Art der Prüfung
- » Bezugnahme auf die vom IDW festgestellten deutschen Grundsätze ordnungsmäßiger Abschlussprüfung (GoA) → Weicht der APr in sachlich begründeten Einzelfällen von den GoA ab, sind die entsprechenden Gründe zu nennen
- » Ggf. Verweis auf International Standards on Auditing (ISA)

Umfang der Prüfung
- » Beschreibung der zugrunde gelegten Prüfungsstrategie sowie des Prüfungsvorgehens (z.B. festgelegte und vereinbarte Prüfungsschwerpunkte, Prüfung des rechnungslegungsbezogenen IKS und deren Auswirkungen auf Art und Umfang der aussagebezogenen Prüfungshandlungen)
- » Feststellung, dass von den gesetzlichen Vertretern alle erbetenen Aufklärungen und Nachweise erbracht wurden, sowie Hinweis auf die Einholung einer Vollständigkeitserklärung
- » Übersicht über alle erstatteten Teilberichte und deren Gegenstand

Bei PIE ergänzende Angaben: verantwortlicher Prüfungspartner, Umfang und Zeitplan der Prüfung, bei mehreren Abschlussprüfern: Aufgabenverteilung und ggf. Gründe für Uneinigkeit, Angaben zu besonders wichtigen Prüfungssachverhalten, ggf. Angaben zu Arbeiten von „fremden" Abschlussprüfern oder externen Sachverständigen, Beschreibung der verwendeten Methode, Angaben zu Wesentlichkeitsgrenzen, bedeutsame Schwierigkeiten, bedeutsame kommunizierte Sachverhalte, weitere überwachungsrelevante Sachverhalte, Beschreibung der Kommunikation mit dem Überwachungs- und dem Unternehmensleitungsorgan

IDW PS 450 n.F.

Prüfungsbericht über die Jahresabschlussprüfung

Feststellungen und Erläuterungen zur Rechnungslegung

Ordnungsmäßigkeit der Rechnungslegung (61 ff.)

Feststellung, ob
- Buchführung und weitere geprüfte Unterlagen
- Jahresabschluss
- Lagebericht

in allen wesentlichen Belangen den gesetzlichen Vorschriften einschließlich der ergänzenden Bestimmungen des Gesellschaftsvertrags oder der Satzung **entsprechen**

Außerdem: Berichterstattung über Beanstandungen, die zwar nicht zur Modifizierung des Bestätigungsvermerks geführt haben, die aber für die Überwachung der Geschäftsführung und des geprüften Unternehmens von Bedeutung sind

Buchführung und weitere geprüfte Unterlagen (63 ff.)	Jahresabschluss (67 ff.)	Lagebericht (71)
» Zusätzliche Beurteilung der Sicherheit der rechnungslegungsrelevanten Daten und hierfür eingesetzten IT-Systeme » Hinweis auf bestehende und wesentliche zwischenzeitlich behobene Mängel » **PIE:** Angabe bedeutsamer Schwächen im rechnungslegungsbezogenen IKS und ob sie beseitigt wurden oder nicht	» Feststellung zur ordnungsmäßigen Ableitung von Bilanz und GuV aus der Buchführung und den weiteren geprüften Unterlagen » Feststellung, ob die Ansatz-, Ausweis- und Bewertungsvorschriften in allen wesentlichen Belangen beachtet wurden » Stellungnahme zur Ordnungsmäßigkeit der Anhangangaben » Ggf. Angabe bei Kleinstkapitalgesellschaften, ob alle erforderlichen Angaben unter der Bilanz gemacht sind	» Feststellung, ob der LB in allen wesentlichen Belangen den gesetzlichen Vorschriften entspricht

Prüfungsbericht über die Jahresabschlussprüfung

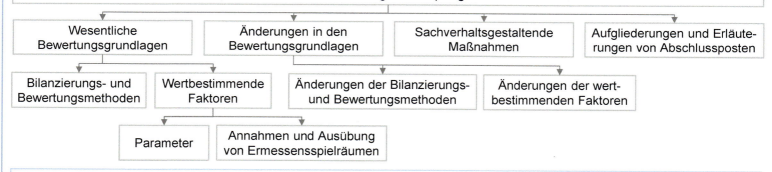

Gesamtaussage des Jahresabschlusses (72 ff.)

APr hat darauf einzugehen, ob und inwieweit der Jahresabschluss insgesamt unter Beachtung der GoB aufgrund der gewählten Bewertungsannahmen und -methoden sowie der sachverhaltsgestaltenden Maßnahmen ein den tatsächlichen Verhältnissen entsprechendes Bild der VFE-Lage der Kapitalgesellschaft vermittelt

- Wesentliche Bewertungsgrundlagen
  - Bilanzierungs- und Bewertungsmethoden
  - Wertbestimmende Faktoren
    - Parameter
    - Annahmen und Ausübung von Ermessensspielräumen
- Änderungen in den Bewertungsgrundlagen
  - Änderungen der Bilanzierungs- und Bewertungsmethoden
  - Änderungen der wertbestimmenden Faktoren
- Sachverhaltsgestaltende Maßnahmen
- Aufgliederungen und Erläuterungen von Abschlussposten

Bei PIE Berichterstattung über:
» Bei den verschiedenen Posten des Jahres- oder konsolidierten Abschlusses angewandte Bewertungsmethoden einschließlich etwaiger Auswirkungen von Änderungen an diesen Methoden
» Auswirkungen von bestimmten erbrachten Steuerberatungs- und Bewertungsleistungen auf den JA

Feststellungen zum Risikofrüherkennungssystem (104 ff.)

Beurteilung, ob der Vorstand ein Überwachungssystem i.S. von § 91 Abs. 2 AktG eingerichtet hat und dieses seine Aufgaben erfüllen kann (inkl. Eingehen darauf, ob Maßnahmen zur Verbesserung des Risikofrüherkennungssystems erforderlich sind)

Feststellungen aus Erweiterungen des Prüfungsauftrags (108)

» Berichterstattung über das Ergebnis von Erweiterungen des Prüfungsauftrags aus Gesellschaftsvertrag/Satzung oder Vereinbarung mit dem Auftraggeber
» Getrennte Berichterstattung über freiwillige Erweiterungen und Erweiterungen, die sich aus gesetzlichen Vorschriften ergeben

IDW PS 450 n. F.

Prüfungsbericht über die Jahresabschlussprüfung

Bestätigungsvermerk (109)
» Aufnahme des Bestätigungs- oder Versagungsvermerks in den PrB unter Angabe von Ort der Niederlassung, Tag der Unterzeichnung und Namen der Unterzeichnenden
» Keine gesonderte Unterschrift

Anlagen zum Prüfungsbericht (110 ff.)
» Geprüfter JA und LB
» Ggf. weitere Anlagen (z.B. Auftragsbedingungen, Darstellung der rechtlichen Verhältnisse)

Unterzeichnung und Vorlage des Prüfungsberichts

Unterzeichnung und Vorlage des Prüfungsberichts (114 ff.)
» PrB ist vom beauftragten Wirtschaftsprüfer zu unterzeichnen und zu siegeln
» Verwendung der Bezeichnung „Wirtschaftsprüfer(in)" ohne Hinzufügung anderer Berufsbezeichnungen
» Angabe von Ort der Niederlassung, Datum und Name der Unterzeichnenden
» Vorlage des unterzeichneten Prüfungsberichts bei den gesetzlichen Vertretern bzw. Aufsichtsrat und ggf. gleichzeitig Prüfungsausschuss mit anschließender unverzüglicher Zuleitung des (endgültigen) PrB an den Vorstand mit Gelegenheit zur Stellungnahme (falls Aufsichtsrat den Prüfungsauftrag erteilt hat)
» Der APr hat den PrB nicht später als den Bestätigungsvermerk vorzulegen

Prüfungsbericht zur Konzernabschlussprüfung

Allgemein (118)
» Gesonderte Berichterstattung über Konzernabschlussprüfung (unabhängig von Prüfung des Mutterunternehmens)
» Es gelten die allgemeinen oben genannten Berichtsgrundsätze mit nachfolgenden Besonderheiten

Prüfungsauftrag (119)
Angaben zur Wahl und Beauftragung (ggf. zur Fiktion nach § 318 Abs. 2 HGB)

Grundsätzliche Feststellungen (120 f.)
Geprüfte Unterlagen umfassen auch die im Konzernabschluss zusammengefassten Jahresabschlüsse

Gegenstand, Art und Umfang der Prüfung (122 ff.)
» Angaben zur Prüfung des Konsolidierungskreises, zu in den Konzernabschluss einbezogenen Jahresabschlüssen und zu den Konsolidierungsmaßnahmen
» **PIE:** ggf. Angaben zu Prüfern aus einem Drittland und zu „fremden" Prüfern
» Angaben bezüglich der nicht inhaltlichen Prüfung der Konzernerklärung zur Unternehmensführung und der nichtfinanziellen Konzernberichterstattung

IDW PS 450 n.F.

Prüfungsbericht zur Konzernabschlussprüfung

Feststellungen und Erläuterungen zur Konzernrechnungslegung (125 ff.)

Konsolidierungskreis und Konzernabschlussstichtag (125 f.)

» Berichterstattung über die zutreffende Angabe des Konsolidierungskreises im Konzernanhang
» **PIE:** Erläuterung des Umfangs der Konsolidierung und etwaige angewandte Ausschlusskriterien bei Nichtkonsolidierung sowie Angabe, ob Ausschlusskriterien mit Rechnungslegungsregeln in Einklang stehen
» Stichtage der Jahresabschlüsse der Tochterunternehmen weichen vom Stichtag des Konzernabschlusses ab + keine Zwischenabschlüsse für Tochterunternehmen erstellt → Feststellung, ob die Voraussetzungen hierfür vorgelegen haben und ob auf Vorgänge von besonderer Bedeutung für die VFE-Lage der Tochterunternehmen zwischen diesen Stichtagen eingegangen wurde

Prüfung der in den KA einbezogenen Abschlüsse (128 ff.)

» Bedeutsame Ergebnisse der Prüfung der in den Konzernabschluss einbezogenen Jahresabschlüsse
» Angabe, ob die Anpassung der Jahresabschlüsse der einzubeziehenden Unternehmen an die konzerneinheitliche Bilanzierung und Bewertung im Konzernabschluss ordnungsmäßig durchgeführt wurde

Konzernabschluss

Ordnungsmäßigkeit des Konzernabschlusses (132 ff.)

» Im Konzern-PrB ist festzustellen, ob der Konzernabschluss den gesetzlichen Vorschriften und den ergänzenden Bestimmungen des Gesellschaftsvertrages oder der Satzung des Mutterunternehmens entspricht
» Zum Konzernanhang und ggf. zu weiteren Elementen ist festzustellen, ob die gesetzlich geforderten Angaben in allen wesentlichen Belangen vollständig und zutreffend sind

Gesamtaussage des Konzernabschlusses (136 f.)

» Es ist auf das Prüfungsurteil im Bestätigungsvermerk einzugehen, ob der Konzernabschluss unter Beachtung der GoB ein den tatsächlichen Verhältnissen entsprechendes Bild der VFE-Lage des Konzerns vermittelt
» Beschreibung der Auswirkungen ausgeübter Wahlrechte, ausgenutzter Ermessensspielräume und sachverhaltsgestaltender Maßnahmen auf die Darstellung der VFE-Lage

IDW PS 450 n. F.

Prüfungsbericht zur Konzernabschlussprüfung

Konzernlagebericht (137a f.)

Einschränkung oder Versagung des Prüfungsurteils zum Konzern-LB im Bestätigungsvermerk bei Nichtbeachtung von DRS-20-Anforderungen, wenn

| die DRS-20-Anforderungen einschlägig sind | + | die DRS-20-Anforderungen Konkretisierungen des HGB darstellen | + | das Gesetz nicht anderweitig erfüllt wird | + | es sich um falsche Darstellungen handelt, die nach IDW PS 350 n.F. wesentlich sind |

Ausschließlich Berichterstattung im PrB unter Würdigung der Begründung der gesetzlichen Vertreter, wenn einzelne einschlägige DRS 20-Anforderungen im Konzern-LB nicht beachtet werden, die

| nach DRS 20.32 wesentlich sind | + | keine Konkretisierung des HGB darstellen oder das Gesetz anderweitig erfüllt wird |

Zusammengefasster Prüfungsbericht für Jahres- und Konzernabschluss (138)

| Konzernabschluss wird zusammen mit Jahresabschluss des Mutterunternehmens oder mit einem von diesem aufgestellten Einzelabschluss bekannt gemacht | → | Bestätigungsvermerke und PrB zu beiden Abschlüssen können zusammengefasst werden |

Besonderheiten und Offenlegungspflicht

Berichterstattung über die Prüfung von nach internationalen Rechnungslegungsstandards aufgestellten Einzelabschlüssen und Konzernabschlüssen (139 ff.)

Prüfung von Einzel- oder Konzernabschlüssen, die nach Rechnungslegungsstandards i.S. von § 315e HGB aufgestellt wurden, d.h. nach den von der EU aufgrund der IAS-Verordnung übernommenen Rechnungslegungsstandards (EU-IFRS)

| PrB nach § 321 HGB für Einzelabschlüsse bzw. Konzernabschluss erstellen | Prüfungsbericht des Einzel- und des Jahresabschlusses können zusammengefasst werden | Gegenstand der Prüfung sind die nach EU-IFRS geforderten Unterlagen + JA + LB | Feststellung, ob die geprüften Unterlagen den EU-IFRS entsprechen |

| Die Berichterstattung ist darauf auszurichten, dass der Einzelabschluss bzw. Konzernabschluss unter Beachtung der EU-IFRS ein den tatsächlichen Verhältnissen entsprechendes Bild der VFE-Lage der Kapitalgesellschaft bzw. des Konzerns vermittelt | Stellungnahme zur Beurteilung der Darstellung der Lage des Unternehmens bzw. Konzerns durch gesetzliche Vertreter nur, soweit die geprüften Unterlagen dies erlauben |

IDW PS 450 n. F.

Sonderfälle der Berichterstattung bei Abschlussprüfungen

Besonderheiten und Offenlegungspflicht

Nachtragsprüfung (144 ff.)

- » Eigenständiger Nachtragsprüfungsbericht (Ausnahme: Ergänzung ursprünglicher PrB, wenn alle ursprünglich ausgehändigten PrB zurückgegeben werden können)
- » Hinweis, dass der ursprünglich erstattete PrB und der Nachtragsprüfungsbericht nur gemeinsam verwendet werden dürfen
- » Allgemeine Gliederungsanforderungen grundsätzlich nicht anwendbar → nur über vorgenommene Änderungen berichten
- » Wortlaut des ergänzten bzw. geänderten Bestätigungsvermerks ist im Bericht über die Nachtragsprüfung wiederzugeben
- » Geänderter JA bzw. Konzernabschluss und LB bzw. Konzern-LB sind als Anlagen beizufügen

Ergänzende Prüfung (149a)

- » Durchführung einer ergänzenden Prüfung vier Monate nach dem Abschlussstichtag bei Erstellung eines gesonderten nichtfinanziellen (Konzern-)Berichts mit Veröffentlichung auf der Internetseite
- » Berichterstattung über das Ergebnis der ergänzenden Prüfung im PrB

Kündigung von Prüfungsaufträgen und Prüferwechsel (150 ff.)

Grundsätze dieses IDW Prüfungsstandards sind bei Kündigungen von Prüfungsaufträgen aus wichtigem Grund, bei Prüferwechseln und beim Widerruf des Prüfungsauftrags durch die zu prüfende Gesellschaft entsprechend anzuwenden

Offenlegung des Prüfungsberichts im Insolvenzfall (152a ff.)

- » Ein Gläubiger oder Gesellschafter kann gemäß § 321a Abs. 1 Satz 1 HGB Einsicht in die PrB des Abschlussprüfers über die aufgrund gesetzlicher Vorschriften durchzuführende Jahresabschlussprüfung der letzten drei Geschäftsjahre nehmen
- » **PIE:** der (zusätzliche) Bericht an den Prüfungsausschuss fällt ebenfalls unter die Offenlegungspflicht nach § 321a HGB

IDW PS 460 n. F.
IDW Prüfungsstandard: Arbeitspapiere des Abschlussprüfers

Zusammenfassung:

Der Abschlussprüfer hat die zur Stützung seiner Prüfungsaussagen dienenden Prüfungsnachweise in Arbeitspapieren zu dokumentieren, soweit sie nicht im Prüfungsbericht enthalten sind. Durch die Arbeitspapiere wird gleichzeitig nachgewiesen, dass die Abschlussprüfung in Übereinstimmung mit den Grundsätzen ordnungsmäßiger Abschlussprüfung geplant und durchgeführt wurde.

Arbeitspapiere sind alle Aufzeichnungen und Unterlagen, die der Abschlussprüfer im Zusammenhang mit der Abschlussprüfung selbst erstellt, sowie alle Schriftstücke und Unterlagen, die er von dem geprüften Unternehmen oder von Dritten als Ergänzung seiner eigenen Unterlagen zum Verbleib erhält. Da sie internen Zwecken des Abschlussprüfers dienen, sind sie nicht zur Weitergabe bestimmt.

Der Abschluss der Auftragsdokumentation hat in angemessener Zeit nach der Erteilung des Bestätigungsvermerks zu erfolgen; i.d.R. sollte der Zeitraum des Abschlusses der Auftragsdokumentation 60 Tage nach dem Datum des Bestätigungsvermerks nicht überschreiten.

ISA:

ISA 230 „Audit Documentation"

Verweise:
- *IDW PS 450:* Grundsätze ordnungsmäßiger Berichterstattung bei Abschlussprüfungen
- *IDW PH 9.100.1:* Bei der Prüfung eines kleinen Unternehmens werden die Arbeitspapiere im Allgemeinen weniger umfangreich sein als bei der Prüfung eines größeren Unternehmens
- *IDW PS 201:* Weicht der Abschlussprüfer in Ausnahmefällen von einer relevanten Anforderung eines *IDW Prüfungsstandards* ab, muss er dokumentieren, wie durch alternative Prüfungshandlungen das Ziel dieser Anforderung erreicht wird und den Grund für die Abweichung nennen.
- *IDW PS 203 n. F.:* Führt der Abschlussprüfer ausnahmsweise nach der Erteilung des Bestätigungsvermerks zusätzliche Prüfungshandlungen durch oder trifft neue Prüfungsfeststellungen, sind diese zu dokumentieren.
- *VO 1/2006:* In der Regel sollte der Zeitraum des Abschlusses der Auftragsdokumentation 60 Tage nach dem Datum des Bestätigungsvermerks nicht überschreiten. Der Abschlussprüfer hat geeignete Maßnahmen zu ergreifen, um die Vertraulichkeit und sichere Aufbewahrung der Arbeitspapiere jederzeit zu gewährleisten.

IDW PS 460 n.F.: Arbeitspapiere des Abschlussprüfers

Definition Arbeitspapiere (1)
- Aufzeichnungen und Unterlagen, die der APr selbst erstellt
- Schriftstücke und Unterlagen, die der APr von dem geprüften Unternehmen oder von Dritten erhält

Funktion der Arbeitspapiere (7 ff.)

- Die zur Stützung der Prüfungsaussagen des APr dienenden Prüfungsnachweise werden in den Arbeitspapieren (ggf. PrB) dokumentiert
- Arbeitspapiere dienen als Nachweis, dass die Abschlussprüfung in Übereinstimmung mit den GoA geplant und durchgeführt wurde

Unterstützung bei der ...
- Planung und Durchführung der Abschlussprüfung
- Überwachung der Prüfungstätigkeit
- Beantwortung von Rückfragen zur Prüfung
- Vorbereitung von Folgeprüfungen

Grundlage für ...
- die Erstellung des Prüfungsberichts
- Maßnahmen zur Qualitätssicherung
- externe Kontrollen und berufsaufsichtsrechtliche Maßnahmen
- die Stützung der Prüfungsaussagen im PrB und BestV
- die Sicherung des Nachweises zur Durchführung einer Abschlussprüfung in Übereinstimmung mit den GoA in Regressfällen

Allgemeine Grundsätze für die Anfertigung von Arbeitspapieren (9 ff.)

- Dokumentation der Abschlussprüfung in angemessener Weise und Zeit in den Arbeitspapieren (ggf. PrB)
- Prüfungsergebnis und einzelne Prüfungsfeststellungen müssen in den Arbeitspapieren (ggf. PrB) nachvollziehbar sein
- Klare und übersichtliche Führung der Arbeitspapiere
- Erfahrener Prüfer muss sich in angemessener Zeit ein Bild über die Abwicklung der Prüfung machen können

Kriterien für Inhalt, Umfang und Form der Arbeitspapiere

- Art des Auftrags
- Form des Prüfungsurteils
- Inhalt des Prüfungsberichts
- Art und Komplexität der Geschäftstätigkeit des zu prüfenden Unternehmens
- Besonderheiten der angewandten Prüfungsmethoden und -techniken
- Art und Zustand des rechnungslegungsbezogenen IKS
- Umfang der im Einzelfall erforderlichen Anleitung und Überwachung der Mitarbeiter sowie Durchsicht ihrer Arbeitsergebnisse

IDW PS 460 n.F.

Inhalt und Umfang der Arbeitspapiere (13 ff.)

Mindestinhalte

Maßnahmen des APr zur
- » Überprüfung der Unabhängigkeit
- » die Unabhängigkeit gefährdende Umstände und
- » ergriffene Schutzmaßnahmen

Prüfungsnachweise

Abschluss stimmt mit den zugrunde liegenden Buchführungsunterlagen überein bzw. wurde daraus abgeleitet

Überlegungen zu allen bedeutsamen Sachverhalten
- » bedeutsame Ermessensentscheidungen
- » vom APr gezogene Schlussfolgerungen
- » Gespräche dazu mit Management, dem Aufsichtsorgan oder anderen Personen
- » Würdigung von Informationen, die im Widerspruch zur eigenen Beurteilung eines bedeutsamen Sachverhalts stehen

Art, zeitlicher Ablauf und Umfang der PH und deren Ergebnisse

Ausnahmefall: Abweichung von der Anforderung eines IDW Prüfungsstandards
- » Nennung des Grunds der Abweichung
- » Wie wurde Anforderung durch alternative Prüfungshandlungen erreicht?

Informationen zur Planung der Prüfung einschließlich vorgenommener Änderungen

Klarheit und Übersichtlichkeit der Arbeitspapiere (18)

- » Angabe zu
  - » Datum der Anlage und Fertigstellung der Arbeitspapiere sowie Bearbeiter
  - » Datum und Bearbeiter der Durchsicht der Arbeitspapiere
- » Aufzeichnung von Art, Umfang und Ergebnis der PH im Einzelnen
- » Quelle der Information und von wem und zu welchem Datum die Unterlage in Empfang genommen wurde
- » Nachvollziehbarkeit der Prüfungsschritte
- » Lesbarkeit von Text und Zahlen
- » Übersichtlichkeit der Ordnung und Ablage der Arbeitspapiere (z.B. Inhaltsverzeichnis)

Nicht erforderlich (19)

- » überholte Entwürfe von Arbeitspapieren und Rechnungslegungsunterlagen
- » Notizen mit unvollständigen oder vorläufigen Überlegungen
- → » frühere Kopien von Dokumenten, die korrigiert wurden
- » Duplikate von bereits vorhandenen Arbeitspapieren

Beispiele für Arbeitspapiere (21)

- » Wirtschaftliches und rechtliches Umfeld
- » Rechtsverhältnisse
- » Risikobeurteilung und Prüfungsplanung
- » Rechnungslegungsbezogenes IKS
- » Vollständigkeitserklärung
- » JA, LB und BestV
- » Auftragsbestätigungsschreiben

- » Prüfungszeitpunkt, -ort, -handlung, Person des Prüfers, Prüfungsnachweise
- » Analyse von Geschäftsvorfällen, Salden, bedeutsamen Kennzahlen und Trends
- » Abwägungen und Schlussfolgerungen zu Ermessensentscheidungen der gV
- » Kopien des gesamten Schriftverkehrs

- » Angaben zur Person Dritter und ggf. der Verwertung von deren Ergebnissen
- » Durchsicht der Arbeitspapiere durch verantwortlichen WP, Berichtskritik, auftragsbegleitende QS
- » Vom Unternehmen erstellte Unterlagen
  → sofern WP Ordnungsmäßigkeit sicherstellt

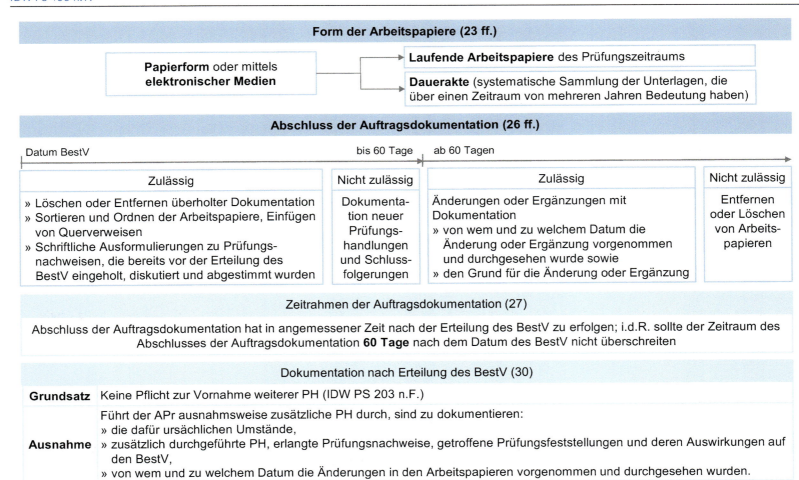

IDW PS 460 n.F.

Vertraulichkeit und Aufbewahrung von Arbeitspapieren (31 ff.)

Allgemein

Keine gesetzliche Aufbewahrungs- und Herausgabepflicht für Arbeitspapiere im Sinne dieses IDW Prüfungsstandards

Aufbewahrung (32)

- » Vertraulichkeit und sichere Aufbewahrung müssen jederzeit gewährleistet sein
- » Aufbewahrung entsprechend der gesetzlichen und berufsständischen Vorgaben sowie der Anforderungen der WP-Praxis
- » Elektronische Medien: Sicherheit der Daten und jederzeitige Lesbarkeit müssen gewährleistet sein

Dauer (32)

- » Keine Regeln über die Dauer der Aufbewahrung selbst erstellter Arbeitspapiere in der WPO
- » Richtet sich nach den Umständen des Einzelfalls (u.a. AAB) und dient vor allem dem Zweck, spätere Beweisnot zu vermeiden

Eigentum (33)

- » Arbeitspapiere sind Eigentum des Abschlussprüfers
- » Ermessensentscheidung, ob er Teile davon dem geprüften Unternehmen zur Verfügung stellt → aber: Sie sind kein Ersatz für fehlende Aufzeichnungen im Rechnungswesen des Unternehmens

Rechte (34)

- » Zeugnisverweigerungsrecht und Auskunftsverweigerungsrecht für selbst erstellte Arbeitspapiere
- » Auch nach Entbindung von der Verschwiegenheitspflicht keine Pflicht zur Einsichtsgewährung oder Herausgabe

Pflichten (34)

Berufsaufsichtsverfahren der WPK im Zusammenhang mit der Abschlussprüfung eines prüfungspflichtigen Unternehmens: Pflicht zur Vorlage von Arbeitspapieren

IDW PS 470 n. F.
IDW Prüfungsstandard: Grundsätze für die Kommunikation mit den für die Überwachung Verantwortlichen (Stand: 10.10.2017)

Zusammenfassung:
Eine wirksame wechselseitige Kommunikation stärkt die Rolle des Abschlussprüfers im System der Corporate Governance und unterstützt sowohl den Abschlussprüfer als auch die für die Überwachung Verantwortlichen maßgebend in ihrer jeweiligen Tätigkeit. *IDW PS 470 n. F.* enthält ein übergreifendes Regelwerk für ihre regelmäßige wechselseitige Kommunikation und ergänzt die neue *IDW PS 400er-Reihe* zum Bestätigungsvermerk und die überarbeiteten Grundsätze zur Erstellung von Prüfungsberichten in *IDW PS 450 n. F.*
IDW PS 470 n. F. verpflichtet den Abschlussprüfer, bei jeder Abschlussprüfung eine oder mehrere geeignete Personen innerhalb der Überwachungsstruktur des Unternehmens zu bestimmen, mit denen zu kommunizieren ist, und gibt Hinweise, wie diese Personen in Abhängigkeit von der jeweiligen Überwachungsstruktur und Rechtsform eines Unternehmens bestimmt werden können.
Im Rahmen der Abschlussprüfung ist zwingend über bestimmte Sachverhalte zu kommunizieren. Hierzu zählen die Verantwortung des Abschlussprüfers, der geplante Umfang und geplante zeitliche Ablauf der Abschlussprüfung, bedeutsame Feststellungen aus der Abschlussprüfung und die Unabhängigkeit des Abschlussprüfers.
Der Abschlussprüfer hat sich mit den für die Überwachung Verantwortlichen über Form, Zeitpunkte und erwartete Themenbereiche der Kommunikation auszutauschen. Zu den Kommunikationspflichten, die zwingend schriftlich zu erfüllen sind, zählen eine Erklärung über die Unabhängigkeit, bedeutsame Feststellungen aus der Abschlussprüfung, falls nach pflichtgemäßem Ermessen des Abschlussprüfers eine mündliche Kommunikation nicht angemessen ist, und bedeutsame Schwächen des internen Kontrollsystems. Darüber hinaus überlässt es *IDW PS 470 n. F.* dem Abschlussprüfer, in welcher Form er welche Inhalte kommuniziert. Der Abschlussprüfer hat zu beurteilen, ob die wechselseitige Kommunikation zwischen ihm und den für die Überwachung Verantwortlichen für den Zweck der Abschlussprüfung angemessen verlaufen ist.

Pflicht zur Anwendung:
IDW PS 470 n. F. gilt für die Prüfung von Abschlüssen für Berichtszeiträume, die am oder nach dem 15.12.2017 beginnen, mit der Ausnahme von Rumpfgeschäftsjahren, die vor dem 31.12.2018 enden. Für die gesetzliche Prüfung von Abschlüssen von Unternehmen von öffentlichem Interesse (PIE) gilt *IDW PS 470 n. F.* bereits für Berichtszeiträume, die nach dem 16.06.2016 beginnen.
Der Anwendungszeitpunkt des finalen Prüfungsstandards wurde an die *IDW PS 400er-Reihe* angepasst und damit gegenüber der Entwurfsfassung um ein Jahr verschoben.

Kreis der Unternehmen:
Alle Unternehmen. Bestimmte Anforderungen gelten nur für PIE bzw. für kapitalmarktorientierte Unternehmen i.S. von § 264d HGB, die PIE sind.

IDW PS 470 n.F.: Grundsätze für die Kommunikation mit den für die Überwachung Verantwortlichen

Die für die Überwachung Verantwortlichen (14)

Die Personen oder Organe, die zumindest verantwortlich sind für die Aufsicht über die strategische Ausrichtung des Unternehmens und die Überwachung der Einhaltung der Verpflichtungen im Zusammenhang mit der Rechenschaftslegung des Unternehmens. Dazu gehört die Aufsicht über den Rechnungslegungsprozess.

Bestimmung der für die Überwachung Verantwortlichen (16, A4 ff.)

Der Abschlussprüfer hat eine oder mehrere geeignete Personen innerhalb der Überwachungsstruktur des Unternehmens zu bestimmen, mit denen zu kommunizieren ist.

Trennung von Management und den für die Überwachung Verantwortlichen

- Bei einigen Unternehmen ist aufgrund der Rechtsform ein nicht an der Geschäftsführung beteiligtes Aufsichtsgremium vorgeschrieben (dualistisches System)
- Beispiel: bei AG ist verpflichtend ein Aufsichtsrat zu bestellen
- Eingerichtetes Überwachungsgremium entspricht i.d.R. den für die Überwachung Verantwortlichen i.S. von IDW PS 470 n.F.

Einheitlichkeit von Management und den für die Überwachung Verantwortlichen

- Aufsichts- und Geschäftsführungsfunktion liegen in der rechtlichen Verantwortung eines einheitlichen Gremiums (monistisches System)
- Beispiel: Ein-Mann-GmbH mit einem Gesellschafter-Geschäftsführer
- Geschäftsführung insgesamt entspricht dann i.d.R. den für die Überwachung Verantwortlichen i.S. von IDW PS 470 n.F.

Beurteilung des Einzelfalls erforderlich

- Beispiel: GmbH ohne Aufsichtsrat
- Beurteilungskriterien z.B. Regelungen im Gesellschaftsvertrag, tatsächliche Handhabung der Aufsichts- und Überwachungsfunktion
- Zur Vermeidung von Konflikten mit der Verschwiegenheitspflicht kann es sinnvoll sein, mit dem Auftraggeber die Personen, mit denen nach IDW PS 470 n.F. zu kommunizieren ist, zu vereinbaren und dies z.B. im Auftragsbestätigungsschreiben zu dokumentieren

Kommunikation mit einer Untergruppe der für die Überwachung Verantwortlichen (17)

Kommuniziert der Abschlussprüfer mit einer Untergruppe der für die Überwachung Verantwortlichen (z.B. mit einem Prüfungsausschuss oder einer Einzelperson), hat der Abschlussprüfer festzustellen, ob er auch mit den für die Überwachung Verantwortlichen insgesamt kommunizieren muss.

Zu kommunizierende Sachverhalte (19 ff.)

Verantwortung des Abschlussprüfers	» Abschlussprüfer ist für die Bildung und Abgabe eines Prüfungsurteils zum Abschluss und – sofern einschlägig – zum Lagebericht verantwortlich » Prüfung des Abschlusses befreit die gesetzlichen Vertreter oder die für die Überwachung Verantwortlichen nicht von ihrer Verantwortung
Geplanter Umfang und geplanter zeitlicher Ablauf der Abschlussprüfung	» Überblick über den geplanten Umfang und den geplanten zeitlichen Ablauf der Abschlussprüfung » Dabei auch eingehen auf die identifizierten bedeutsamen Risiken

Bedeutsame Feststellungen aus der Abschlussprüfung	a) Ansichten des Abschlussprüfers zu bedeutsamen qualitativen Aspekten der Rechnungslegungspraxis des Unternehmens, z.B. zu Rechnungslegungsmethoden und geschätzten Werten in der Rechnungslegung
	b) während der Abschlussprüfung aufgetretene bedeutsame Probleme
	c) sofern nicht alle für die Überwachung Verantwortlichen in das Management des Unternehmens eingebunden sind:
	    i) bedeutsame während der Abschlussprüfung auftretende Sachverhalte, die mit dem Management besprochen wurden oder Gegenstand des Schriftverkehrs mit diesem waren, und
	    ii) vom Abschlussprüfer angeforderte schriftliche Erklärungen
	d) Umstände, die sich auf die Form und den Inhalt des Bestätigungsvermerks auswirken
	e) sonstige während der Abschlussprüfung aufgetretene bedeutsame Sachverhalte, die nach pflichtgemäßem Ermessen des Abschlussprüfers für die Aufsicht über den Rechnungslegungsprozess relevant sind

Mündliche Berichterstattung an den Aufsichtsrat	Teilnahme des Abschlussprüfers an den Verhandlungen des Aufsichtsrats oder des Prüfungsausschusses über den Jahresabschluss und den Lagebericht sowie über den Konzernabschluss und den Konzernlagebericht (Bilanzsitzung)
Unabhängigkeit	Erklärung über die Einhaltung der Unabhängigkeitsanforderungen sowie schriftliche Mitteilung über Beziehungen und Sachverhalte, die sich auf die Unabhängigkeit auswirken können und über die in diesem Zusammenhang getroffenen Schutzmaßnahmen

Kommunikation über die Unabhängigkeit (23 f.)

Alle Unternehmen

Bestätigung der Unabhängigkeit im Prüfungsbericht (§ 321 Abs. 4a HGB)

Unternehmen von öffentlichem Interesse (PIE)

Schriftliche Erklärung der Unabhängigkeit (Art. 6 Abs. 2 Buchst. a) EU-APrVO)

Aufnahme dieser Erklärung in den Prüfungsbericht (Art. 11 Abs. 2 Buchst. a) EU-APrVO)

Erörterung der Gefahren für die Unabhängigkeit sowie der für die Verminderung dieser Gefahren angewendeten Schutzmaßnahmen mit dem Prüfungsausschuss (Art. 6 Abs. 2 Buchst. b) EU-APrVO)

Kapitalmarktorientierte Unternehmen i.S. von § 264d HGB, die PIE sind

Schriftliche Erklärung der Unabhängigkeit erstreckt sich zusätzlich, sofern einschlägig, auf die Mitglieder eines Netzwerks, dem der Abschlussprüfer angehört

Schriftliche Mitteilung über Beziehungen, sonstige Sachverhalte und Schutzmaßnahmen

Der Kommunikationsprozess (25 ff.)

Festlegung des Kommunikationsprozesses	» Austausch über Form, Zeitpunkte und erwartete Themenbereiche der Kommunikation (ggf. im Auftragsbestätigungsschreiben)
Formen der Kommunikation	» Grundsätzlich keine Anforderungen, aber: » Schriftliche Kommunikation über 　» Unabhängigkeit 　» bedeutsame Feststellungen aus der Abschlussprüfung, falls nach pflichtgemäßem Ermessen des Abschlussprüfers eine mündliche Kommunikation nicht angemessen ist, und 　» bedeutsame Schwächen des internen Kontrollsystems
Zeitpunkte der Kommunikation	» Zeitgerechte Kommunikation » Angemessene Zeitpunkte für die Kommunikation hängen von den Umständen des jeweiligen Prüfungsauftrags ab
Angemessenheit des Kommunikationsprozesses	» Beurteilung, ob die wechselseitige Kommunikation zwischen Abschlussprüfer und den für die Überwachung Verantwortlichen für den Zweck der Abschlussprüfung angemessen verlaufen ist » Falls nicht: Auswirkungen auf die Beurteilung der Risiken wesentlicher falscher Darstellungen und auf die Möglichkeit, ausreichende geeignete Prüfungsnachweise zu erlangen, beurteilen und geeignete Maßnahmen ergreifen

Zusammenspiel mit dem Prüfungsbericht (30 f.)

» Schriftliche und mündliche Kommunikation des Abschlussprüfers mit den für die Überwachung Verantwortlichen darf eine nach IDW PS 450 n.F. gebotene Berichterstattung im Prüfungsbericht nicht ersetzen

Praxistipps IT für Wirtschaftsprüfer

www.idw-verlag.de/it
GoBD und Archivierung aus IT-Sicht € 49,-

Krüger // Anforderungen, praktische Umsetzungstipps und Beispiele // ISBN 978-3-8021-2448-8 // Januar 2019 // 100 Seiten // Softcover // mit Downloads

www.idw-verlag.de/it
SAP®-IT-Prüfung im Rahmen der Abschlussprüfung € 49,-

Lamm / Mannes / Schneider // ISBN 978-3-8021-2447-1 // Januar 2019 // 100 Seiten // Softcover // mit Downloads

www.idw-verlag.de/it
SAP® für Wirtschaftsprüfer und Prüfungsassistenten € 49,-

Tritschler / von Britton // Grundlagen für eine effiziente Systemnutzung im Rahmen der Abschlussprüfung // ISBN 978-3-8021-2411-2 // Dezember 2018 // 100 Seiten // Softcover // mit Downloads

Telefon: 0211 4561-222 ■ Fax: 0211 4561-206 ■ E-Mail: service@idw-verlag.de
IDW Verlag GmbH ■ Tersteegenstraße 14 ■ 40474 Düsseldorf ■ idw-verlag.de

Jetzt zum Newsletter anmelden!

Mit dem Newsletter aus dem IDW Verlag sind Sie immer aktuell informiert über:

- Neuerscheinungen
- Produkt-Aktualisierungen
- Schwerpunktthemen in der WPg

Melden Sie sich jetzt kostenfrei an unter:

www.idw-verlag.de/newsletter

Telefon: 0211 4561-222 ■ Fax: 0211 4561-206 ■ E-Mail: service@idw-verlag.de
IDW Verlag GmbH ■ Tersteegenstraße 14 ■ 40474 Düsseldorf ■ idw-verlag.de